अच्छे अंकों से परीक्षा पास करने के 7 रहस्य

लेखक
प्रेम पी. भल्ला
बी.एस.सी. (आनर्स)

अनुवाद
सुमन बाजपेयी

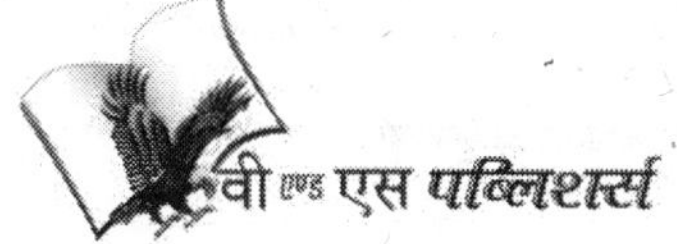

प्रकाशक

वी एण्ड एस पब्लिशर्स

F-2/16, अंसारी रोड, दरियागंज, नयी दिल्ली-110002

☎ 23240026, 23240027 • *फैक्स:* 011-23240028

E-mail: info@vspublishers.com • *Website:* www.vspublishers.com

शाखाः हैदराबाद

5-1-707/1, ब्रिज भवन (सेन्ट्रल बैंक ऑफ इण्डिया लेन के पास)

बैंक स्ट्रीट, कोटी, हैदराबाद-500 095

☎ 040-24737290

E-mail: vspublishershyd@gmail.com

शाखा : मुम्बई

जयवंत इंडस्ट्रिअल इस्टेट, 2nd फ्लोर - 222,

तारदेव रोड अपोजिट सोबो सेन्ट्रल मॉल, मुम्बई - 400 043

☎ 022-23510736

E-mail: vspublishersmum@gmail.com

फ़ॉलो करें:

हमारी सभी पुस्तकें **www.vspublishers.com** पर उपलब्ध हैं

ISBN 978-93-814487-9-3

मुद्रक: परम ऑफसेटर्स, ओखला, नई दिल्ली-110020

समर्पण

राजीव एवं रीमा

जिन्होंने परीक्षाओं में विशिष्टता हासिल करने के लिए अपने बच्चों का मार्गदर्शन किया

अंदर के पृष्ठों में

—— ❖❖❖ ——

स्वकथन

परीक्षा हर व्यक्ति के जीवन में एक महत्त्वपूर्ण भूमिका निभाती है। स्कूल में प्रवेश लेते ही इससे सामना हो जाता है। यह कॉलेज और यहां तक कि उसके बाद भी चलती रहती है। उच्च व निम्न दोनों स्तर पर कई नौकरियों में प्रवेश विभिन्न परीक्षाओं पर ही आधारित होता है। यहां तक कि वयस्क जीवन में भी, जहां नियमित रूप से सीखते रहने की आवश्यकता है। परीक्षा सफलता पाने में एक महत्त्वपूर्ण भूमिका निभाती है।

स्कूल में विद्यार्थियों को विभिन्न विषय व्यस्क जीवन को सफल बनाने के लिए पढ़ाए जाते हैं। जबकि कोई स्कूल परीक्षा में विशिष्टता प्राप्त करने की बात नहीं सिखाता। अधिकतर छात्र इसे लापरवाही से सीखते हैं, कुछ बहुत देर में समझते हैं तो कुछ बिल्कुल भी नहीं सीख पाते हैं। यह बहुत दुर्भाग्य की बात है कि ऐसे युवा तक इस ज्ञान से वंचित हैं, जो औसत बौद्धिक स्तर (IQ) के होने के बावजूद परीक्षाओं में अव्वल नहीं आ सकते हैं।

परीक्षाओं में विशिष्टता प्राप्त करने के सात मंत्रों द्वारा कदम-दर-कदम आगे बढ़ने और परीक्षाओं में अव्वल आने के लिए बच्चों को मार्ग दर्शन कराने का प्रयास किया गया है। पूरी पुस्तक में प्रयोग दिए गए हैं, ताकि व्यक्ति अभ्यास के द्वारा सीख सके। हर चरण के बाद ध्यान देने योग्य बातें तकनीक में विद्वता हासिल करने में मदद करेंगी।

आत्मविश्वास प्राप्त करने और परीक्षाओं में बैठने के लिए उचित मार्गदर्शन प्रदान करने में छात्रों की मदद करने हेतु परामर्श भी दिए गए हैं।

परीक्षाओं में उच्च सफलता के 7 मंत्रों को जानें। सफलता आपका इंतजार कर रही है। आगे बढ़ें और परीक्षाओं में विशिष्टता प्राप्त करें।

—प्रेम पी. भल्ला

मंत्र 1

अपना लक्ष्य जानें

आप परीक्षाओं की तैयारी क्यों कर रहे हैं? और उसमें क्यों बैठ रहे हैं? आपका लक्ष्य क्या है? दुर्भाग्यवश इन सरल प्रश्नों का उत्तर भी अनेक छात्र देने में असमर्थ होते हैं। वे यह नहीं बता पाते कि स्कूल या कॉलेज में क्यों पढ़ रहे हैं? जो इसका उत्तर देते हैं, वे कहते हैं कि ऐसा सर्टिफिकेट, डिग्री या डिप्लोमा पाने के लिए कर रहे हैं। उन्हें इनकी जरूरत क्यों है? उनके लिए ये शिक्षित होने के प्रमाण हैं और इनके माध्यम से वे एक उचित व्यवसाय चुनकर समाज में एक सम्माननीय स्थान पा सकते हैं।

लेकिन स्कूल और कॉलेज जाने का वास्तविक उद्देश्य सर्टिफिकेट या डिग्रियां पाना नहीं है, वरन् शिक्षित होना है। **शिक्षा** शब्द की उत्पत्ति संस्कृत के **शिक्ष्** धातु और **टाप्** प्रत्यय से हुई है। जिसका अर्थ है अंतर्निहित क्षमताओं का बाहर निकलना। शिक्षा व्यक्ति के भीतर छिपी प्रतिभाओं का प्रयोग करने के लिए उसे तैयार करने की एक प्रभावी प्रक्रिया है। जब एक बार किसी को शिक्षा का उद्देश्य समझ में आ जाता है और वह परीक्षा, जो कि प्रक्रिया का एक हिस्सा हैं, देता है तो व्यक्ति अपने लक्ष्य से अवगत हो जाता है।

अध्ययन के हर स्तर पर परीक्षाएं होती हैं– लिखित परीक्षाएं, व्यावहारिक कार्य में परीक्षाएं, मौखिक परीक्षाएं, सामूहिक रूप से विचार-विमर्श, साक्षात्कार, स्वास्थ्य जांच और अनगिनत अन्य परीक्षाएं। किसी न किसी निश्चित उद्देश्य के लिए इन्हें बनाया गया है। अपनी क्षमता को प्रमाणित करने के लिए आपको परीक्षाओं का उद्देश्य समझकर उसमें उत्तीर्ण होना होगा। आइए, अपने लक्ष्य को जानने के लिए हम एक-एक कदम रखते हुए आगे बढ़ें।

मंत्र 1: पहला चरण

क्या हमें परीक्षा की जरूरत है?

किसी विषय में आपका कितना ज्ञान और काबिलीयत है, परीक्षा यही जानने की औपचारिक प्रक्रिया है। यह किसी व्यक्ति की योग्यताओं या प्रगति को जांचने का भी एक तरीका हो सकता है।

किसी भी शिक्षित व्यक्ति के लिए परीक्षा कोई नई चीज नहीं है। जैसे ही स्कूल में बच्चा प्रवेश लेता है और थोड़ी सी वर्णमाला सीखता है, उसे परीक्षा देनी पड़ती है। अध्यापक यह सुनिश्चित करना चाहता है कि उसने जो पढ़ाया है, वह बच्चे ने सीखा है कि नहीं। छात्र जैसे-जैसे सीखता है, नए पाठ पढ़ाए जाते हैं। परीक्षा और कठिन होती जाती है।

आरंभ में ही शुरू हो जाती है परीक्षा

स्कूल में प्रवेश लेने से पहले से ही परीक्षा आरंभ हो जाती है। बच्चे के बैठने, घुटनों के बल चलने और पहला लड़खड़ाता हुआ कदम लेने पर माता-पिता को बहुत खुशी होती है। उन्हें उसके मुस्कराने और हंसने पर भी उतनी ही खुशी मिलती है, जितनी कि उसके द्वारा पहली बार 'मां' या 'पापा' बोलने पर। बार-बार बच्चे की योग्यता का परीक्षण मित्रों और रिश्तेदारों के सामने किया जाता है। जब बच्चा सही जवाब देता है तो माता-पिता की खुशी का ठिकाना नहीं रहता।

जब बच्चे बड़े होते हैं और बड़ी कक्षाओं में पहुंचते हैं तो पढ़ाए जाने वाले विषयों की संख्या बढ़ जाती है। परीक्षा की संख्या और आवृत्ति भी। तीन महीने में एक बार छमाही और वार्षिक परीक्षा होती है। इसी समय बच्चे परीक्षा की अवधारणा पर प्रश्न करते हैं कि सर्वप्रथम किसने परीक्षा के बारे में सोचा था? क्या वास्तव में हमें इनकी जरूरत है? क्या आवश्यक ज्ञान देकर बाकी व्यक्ति पर छोड़ देना ही काफी नहीं है? यह समस्या की ओर देखने का उचित ढंग लग सकता है पर किसी सभ्य समाज में ऐसा होना व्यावहारिक नहीं है।

परीक्षा की जरूरत

आइए, समाचार पत्रों की कुछ दिलचस्प एवं मुख्य खबरों पर नजर डालते हैं :

1. उत्तरांचल में 1,20,000 से भी ज्यादा छात्रों ने लोक सेवा आयोग (पी.सी.एस.) की प्रवेश परीक्षा दी।
2. मैनेजमेंट कॉलेज में 26,000 छात्रों ने 120 सीटों के लिए आवेदन किया।
3. 1,00,000 से भी ज्यादा छात्र सामान्य प्रवेश परीक्षा (कैट) के लिए बैठे।

उत्तरांचल 13 जिलों वाला एक छोटा राज्य है। इन जिलों में काम करने के लिए कितने युवाओं को लोक सेवा आयोग में भर्ती किया जा सकता है? 1,20,000 छात्रों में से बेहतरीन उम्मीदवारों का चयन करने का परीक्षा से बेहतर और कोई तरीका हो सकता है क्या?

मैनेजमेंट कॉलेज में विभिन्न पाठ्यक्रमों के लिए 120 सीटें हैं। क्या इनमें 26,000 उम्मीदवारों को जगह मिल सकती है? कैट को इसलिए शुरू किया गया था ताकि प्रतिष्ठित संस्थानों में केवल सबसे प्रतिभाशाली उम्मीदवार ही प्रवेश ले पाएं, जो देश के वाणिज्य और उद्योग का भविष्य में प्रशासन संभालेंगे।

बढ़ती हुई जनसंख्या और उच्च पदों के लिए बढ़ती हुई आकांक्षाओं के कारण बेहतरीन उम्मीदवार का चयन करने के लिए परीक्षा ही एकमात्र विकल्प है। वास्तव में परीक्षा जरूरत है, मुसीबत नहीं, जैसा कि बहुत से छात्र सोचते हैं।

हिम्मतवर की जीत

चार्ल्स डारविन ने कहा था कि प्रत्येक क्षेत्र में हर समय चयन की एक स्वाभाविक प्रक्रिया चलती रहती है। चयन की दौड़ में ताकतवर की जीत होती है। ऐसा होते हुए हम हर जगह और हर दिन देखते हैं। जीवन के प्रत्येक पहलू में, बेहतरीन उत्पाद और सेवा प्रदान करने के लिए लोग एक-दूसरे से प्रतियोगिता करते हैं। इसके बदले में आम आदमी को मिलती है एक अच्छी जिंदगी। उत्कृष्ट लोगों के चयन करने की प्रक्रिया में परीक्षा महत्त्वपूर्ण भूमिका निभाती है।

जब भी कोई प्रतियोगिता होती है तो तनाव होना स्वाभाविक है। इस तनाव को दूर करने के लिए परीक्षा से भागना कोई विकल्प नहीं है। प्रतियोगिता जीवन का एक हिस्सा है और इसे अलग नहीं किया जा सकता है। इससे जुड़े तनाव का सामना करने के लिए, परीक्षा के प्रति सही दृष्टिकोण विकसित करने और कैसे अच्छी तरह से प्रतियोगिता कर सकते हैं, में समाधान निहित है। अगर सही ढंग से परीक्षा से निबटा जाए तो यह जीवन में अधिक प्रतियोगी होने की दिशा में उठा एक सही कदम होगा।

अवरोध या सोपान

कई युवा परीक्षा को उनकी राह में पैदा की गई रुकावटें मानते हैं। उनके लिए प्रत्येक परीक्षा एक अवरोध होती है। इन रुकावटों को इस तरह रखा गया है कि हर कदम पर इनसे सामना करना पड़ता है। कुछ भाग्यशाली ही अंतिम चरण तक पहुंच पाते हैं। ऐसा ही कुछ युवा सोचते हैं।

परीक्षा के प्रति यह सकारात्मक दृष्टिकोण नहीं है। हमें परीक्षा को रुकावट मानने के बजाय सोपान मानना चाहिए। समान स्तर पर रुकावटें आती हैं। यहां तक कि अंतिम रेखा भी समान स्तर पर है। असल जिंदगी में जो कामयाब होते हैं, वे एक ही स्तर पर नहीं रहते। वे वैसे ही बढ़ते रहते हैं, जैसे कि कोई एक-एक कदम कर सीढ़ी चढ़ता है। इसलिए, आगे बढ़ने के लिए हमें परीक्षाओं को एक सीढ़ी मानना चाहिए। वैसे ही जैसे हम एक-एक करके सीढ़ी चढ़ते हैं।

स्कूल में कैसे बच्चा प्रगति करता है-वह नर्सरी से पहली कक्षा में आता है, फिर दूसरी में और इस तरह आगे बढ़ता जाता है। सीढ़ी चढ़ने जैसे ही प्रत्येक छात्र आगे बढ़ता है। स्कूल खत्म होने के स्तर पर अनेक विकल्प होते हैं। प्रत्येक व्यक्ति अपनी योग्यता के अनुसार एक विकल्प चुनता है।

कई कदम चढ़ने में आसान होते हैं, कई नहीं। केवल हिम्मतवर ही तेजी से आगे बढ़ता है। इसलिए हमें सदैव इस बात को समझना चाहिए कि परीक्षा रुकावट नहीं होतीं वरन् सफलता की ओर ले जाने वाली सीढ़ी होती हैं।

जीवन एक परीक्षा है

रोजमर्रा की शैक्षिक और व्यावसायिक जिंदगी में आनी वाली औपचारिक परीक्षा को उत्तीर्ण करना ही हमारा उद्देश्य होता है। पर हमें इस बात को नजरअंदाज नहीं करना चाहिए कि धीरे-धीरे सबको यह अहसास हो जाता है कि सम्मानित ढंग से जीना भी एक तरह की परीक्षा है। रोज अनेक व्यक्तियों द्वारा किसी एक व्यक्ति की परीक्षा होती है। हमारी सफलता हमारे दृष्टिकोण पर आधारित होती है।

जब हम सकारात्मक ढंग से सोचते हैं और हर अवरोध का सामना सकारात्मक दृष्टिकोण रखते हुए करते हैं, तो हम सफलता प्राप्त कर लेते हैं। जब हम संशयों में घिरे होते हैं तो अड़चनें आती हैं। इसी तरह, परीक्षा भवन में प्रवेश करते हुए सकारात्मक दृष्टिकोण बनाए रखना सीखना महत्त्वपूर्ण है। हमारा दृष्टिकोण और आत्मविश्वास ही हमें सदैव सफलता की ओर ले जाएगा।

परीक्षा जीवन का हिस्सा होती है

स्थिति की ओर सकारात्मक ढंग से देखने के लिए परीक्षा को जीवन के एक हिस्से के रूप में स्वीकार लें। इस स्थिति में दो तत्त्व सम्मिलित हैं : पहला जो व्यक्ति परीक्षा देता है और दूसरा परीक्षा। परीक्षा देने से पहले हमें हर बात को समझ लेना चाहिए। अपनी योग्यता और कमजोरियों को समझना भी जरूरी है। जब बातें स्पष्ट होती हैं तो सफलता मिलती है।

ध्यान देने योग्य बातें—

- परीक्षा ज्ञान और क्षमता को जांचने की एक औपचारिक प्रक्रिया है।
- परीक्षा समाज की जरूरत है।
- हिम्मतवर की जीत होती है।
- परीक्षा हिम्मतवर का चयन करने में मदद करती है।
- परीक्षा रुकावट नहीं वरन् सोपान है।
- जीवन में कदम दर कदम एक परीक्षा है।
- परीक्षा के प्रति एक सकारात्मक दृष्टिकोण सफलता दिलाता है।

मंत्र 1: दूसरा चरण

आप कहां जा रहे हैं?

क्या आप जानते हैं कि कहां जा रहे हैं? अधिकतर छात्र नहीं जानते। वे केवल अगली कक्षा में जाने के लिए पढ़ाई करते हैं, क्योंकि वे अशिक्षित नहीं कहलाना चाहते। यह प्रमाणित करने के लिए कि वे भी स्कूल और कॉलेज में पढ़े हैं, सर्टिफिकेट और डिग्रियां प्राप्त करते हैं।

क्या आप फुटबॉल या हॉकी के मैदान में दोनों तरफ गोल न होने की कल्पना कर सकते हैं? फिर खिलाड़ी खेलेंगे कैसे? क्या वे केवल एक छोर से दूसरे छोर तक गेंद को यूं ही फेंकते रहेंगे? हम विजेता का निर्णय कैसे करेंगे? इन मैदानों में बिना गोल के भागते खिलाड़ियों की तरह कई छात्र गेंद के साथ उद्देश्यहीन दौड़ते रहते हैं। उन्हें एक भी गोल नहीं मिलता, क्योंकि उनके सामने कोई लक्ष्य ही नहीं होता है।

लक्ष्य की कमी

उपलब्धि प्राप्त न कर पाने का मुख्य कारण है जीवन में कोई लक्ष्य न होना। कई युवा यह मानकर चलते हैं कि जब वे उचित आयु में पहुंच जाएंगे तो उन्हें स्वयं लक्ष्य मिल जाएगा। फिर वे जीत जाएंगे। दुर्भाग्यवश, ऐसा कभी होता नहीं है। बच्चा जब पढ़ना शुरू करता है तो उसका एक लक्ष्य होना चाहिए, जिसकी ओर वह धीरे-धीरे बढ़ सके। अगर कोई लक्ष्य नहीं होगा तो आप कहीं नहीं पहुंच सकेंगे। जैसे बिना पतवार के नाव अपनी दिशा तय नहीं कर सकती, वैसे ही जीवन में लक्ष्य तय किए बिना हम सफलता प्राप्त नहीं कर सकते हैं। जो लोग जीवन में एक लक्ष्य निर्धारित करके आगे बढ़ते हैं, वे उन लोगों की अपेक्षा जिनका कोई लक्ष्य नहीं होता है, ज्यादा कामयाब होते हैं। यह सच बार-बार प्रमाणित हो चुका है।

हमें लक्ष्य की जरूरत क्यों है?

हमें लक्ष्य की जरूरत इसलिए है क्योंकि वे बताते हैं कि हमें कहां जाना है। जब तक हमें यह न पता हो कि हमें कहां जाना है? हम वहां तक नहीं पहुंच सकते हैं।

लक्ष्य निर्धारित करने का सबसे अहम पहलू यह है कि जब हम अपने दिमाग में एक लक्ष्य बना लेते हैं तो हम उसके बारे में सोचते रहते हैं और हमारा दिमाग एक सफल प्रक्रिया का स्राव करता है। यह सफल प्रक्रिया उन व्यक्तियों और स्थितियों को हमारी ओर आकर्षित करती है जो लक्ष्य के साथ जुड़े होते हैं। जब कोई व्यक्ति विदेश में कोई विशिष्ट अध्ययन करने की सोचता है और लक्ष्य के रूप में मन के अंदर उसे ज्वलंत इच्छा के रूप में धारण कर लेता है, तो धीरे-धीरे वह उसके बारे में सारी सूचनाएं एकत्र करना शुरू कर देता है। कौन से विश्वविद्यालय में वह कोर्स होता है? फीस कितनी है? प्रवेश के लिए क्या चाहिए? स्कॉलरशिप उपलब्ध है कि नहीं? कोर्स के दौरान और बाद में रोजगार मिलने की क्या संभावना है? इसके बारे में जानकारी हासिल करता है। अगर लक्ष्य न हो तो यह सब होना संभव ही नहीं है।

लक्ष्य कैसा होना चाहिए?

अलग-अलग चीजों के लिए व्यक्ति के अनेक लक्ष्य हो सकते हैं। हालांकि, बतौर छात्र के लिए शैक्षिक लक्ष्य ही ठीक होता है। सबसे पहले मुख्य लक्ष्य निर्धारित किया जाना चाहिए। यह ऐसा ही हो सकता है जैसे आई.आई.टी. से इंजीनियरिंग डिग्री करने के साथ-साथ किसी प्रतितिष्ठत मैनेजमेंट कॉलेज से एम.बी.ए. करना।

एक बार जब मुख्य लक्ष्य तय हो जाते हैं तो छोटे-छोटे लक्ष्य तय किए जा सकते हैं, जो आपको मुख्य लक्ष्य की ओर ले जाएंगे। जैसे, मैं प्रवेश परीक्षा की तैयारी कैसे करूं? क्या उसके लिए मैं स्वयं पढ़ूं या किसी अच्छे कोचिंग स्कूल में दाखिला लूं? कौन सा संस्थान ठीक रहेगा? कौन सा समय ठीक रहेगा?

यहां तक कि छोटे-छोटे लक्ष्य को भी बांटा जा सकता है। पांच वर्ष में पूरा होने वाला एक दीर्घकालीन लक्ष्य हो सकता है। प्रत्येक वर्ष के लिए छोटा-छोटा लक्ष्य हो सकता है। छोटे-छोटे लक्ष्य को हर उपलब्धि पाने के लिए महीने या सप्ताह के अनुसार तय किया जा सकता है। निष्ठावान व्यक्ति रोज सुबह तय किए गए लक्ष्य को पूरा करने में जुटा रहता है। कदम दर कदम जैसे कोई दूरी को तय करता है, लंबी दूरी बिना थके दूर हो जाती है। लक्ष्य तय करने का यही जादू है।

लक्ष्य तय करने का आधार

लक्ष्य तय करते समय हमेशा बड़े-बड़े सपने देखने चाहिए। छोटे लक्ष्य छोटे परिणाम दिखाते हैं। बड़े लक्ष्य से बड़े परिणाम मिलते हैं।

- लक्ष्य चुनौतीपूर्ण होने चाहिए। यह चुनौती का ही तत्त्व होता है जो एक कार्य से दूसरे कार्य को प्रेरित करता है और व्यक्ति की बेहतरीन क्षमताओं को बाहर लाता है।
- लक्ष्य ऐसे हों जिन्हें पाया जा सके। जैसे—जिस छात्र की पढ़ाई में रुचि न हो, उसे कॉलेज का प्रोफेसर बनने का लक्ष्य तय नहीं करना चाहिए।
- लक्ष्य लचीले होने चाहिए। अगर लक्ष्य लचीले न हों तो व्यक्ति बंधी बंधाई लीक पर ही चलता रहेगा। जैसे, हम आई.आई.टी. से इंजीनियरिंग की डिग्री लेने का लक्ष्य तय करते हैं। अगर किसी कारणवश उसमें प्रवेश नहीं मिल पाता तो उम्मीद छोड़ने की बजाय किसी अन्य संस्थान में प्रवेश ले लेना चाहिए। अगर उनमें योग्यता होगी तो दूसरे संस्थान से पढ़ने पर भी वे अच्छा कर पाएंगे।
- लक्ष्य की समय सीमा होनी चाहिए। अगर ऐसा नहीं होगा तो उन्हें प्राप्त करना कठिन होगा। एक निश्चित समय सीमा में एक निश्चित मात्रा का काम पूरा हो जाना चाहिए।

निश्चित करें कि हम अपने लक्ष्य को पा लें

अगर हम अपने लक्ष्य तक पहुंचना चाहते हैं तो हमारे अंदर इसे तीव्र इच्छा की तरह पलना चाहिए। यह तभी संभव है, जब हम हर पल उसके बारे में सोचते रहेंगे।

- जब हम अपने लक्ष्य के बारे में भूल जाएं तो हमें उसकी याद दिलाई जानी चाहिए।
- स्वयं को लक्ष्य की याद दिलाने के लिए उन्हें एक कागज पर लिखें।
- अपने लक्ष्य को लिखकर अपनी स्टडी टेबल पर चिपका दें।
- अपने लक्ष्यों के बारे में चर्चा करें ताकि जब आप उन्हें भूलने लगें तो आपके मित्र और रिश्तेदार आपको याद दिला दें।
- समय-समय पर अपने लक्ष्य की समीक्षा करें। अगर आप उन्हें पाने के लिए प्रतिबद्ध हैं तो ठीक है, पर अगर रुकावटें हैं तो समझें कि वे कैसे दूर होंगी। जब आप अपनी यात्रा पर दृढ़ निश्चय के साथ निकलेंगे तो आप निश्चित रूप से अपने लक्ष्य को प्राप्त कर लेंगे।

क्या लक्ष्य तय करने के बाद आपका कार्य समाप्त हो जाता है?

नहीं, वह समाप्त नहीं होता। लक्ष्य तय करना केवल एक शुरुआत है। लक्ष्य तय हो जाने के बाद हमें एक योजना तैयार करनी चाहिए जो हमारी ताकत और कमजोरियों का आकलन करे, उपलब्ध संसाधनों को देखे और जो नहीं हैं, उन्हें उपलब्ध कराए। इसमें आने वाली बाधाओं का भी जिक्र करें। एक समय सीमा तय करें और नियमित रूप से प्रगति का जायजा लें। तभी हम लक्ष्य पा सकते हैं।

करने योग्य काम

1. दीर्घकालीन कैरियर और शैक्षिक लक्ष्य तय करें। मोटे कागज पर नोट कर उन्हें अपनी स्टडी टेबल पर चिपकाएं।
2. वर्तमान में चल रहे वर्ष के लिए लक्ष्य तय करें। जो पाना चाहते हैं, उसे लिखें।
3. वार्षिक लक्ष्य को छमाही, तिमाही और मासिक लक्ष्य में बदलें।
4. रोज सुबह तय किए गए लक्ष्य के अनुसार काम करना सीखें।
5. इन गतिविधियों को अपने जीवन का एक अभिन्न अंग बना लें :
   - ➢ कमर सीधी कर कुर्सी पर आरामदायक मुद्रा में बैठें।
   - ➢ अपनी आंखें बंद करें। लंबी सांस लें।
   - ➢ अपने लक्ष्य को उच्चारें। ऐसा पांच बार करें।
   - ➢ सोचें कि आपने लक्ष्य पा लिया है।
   - ➢ लक्ष्य प्राप्त करने के बाद मिली खुशी के बारे में सोचें।
   - ➢ खुशी का आनंद उठाते हुए ईश्वर को धन्यवाद दें।
   - ➢ लंबी सांसें लेते हुए अपनी आंखें खोलें।

ध्यान देने योग्य बातें —

- ✦ अधिकांश लोग बिना लक्ष्य तय किए काम करते हैं।
- ✦ सफल होने के लिए एक निश्चित लक्ष्य होना चाहिए।
- ✦ दीर्घकालीन और अल्पकालीन लक्ष्य हो सकते हैं।
- ✦ लक्ष्य चुनौतीपूर्ण, प्राप्त करने योग्य, समयानुकूल और समय सीमा में होना चाहिए।
- ✦ लक्ष्य पाने के लिए हमें पहले योजना बनानी चाहिए।
- ✦ प्रतिदिन हमें अपने लक्ष्य को याद करना चाहिए।

मंत्र 1 : तीसरा चरण

प्रेरणा

सफल होने वाले स्वयं हर चीज की शुरुआत करते हैं। इसका अर्थ है कि जब कोई किसी निश्चित लक्ष्य को पाना चाहता है तो उसे पाने के लिए उसके पास कोई प्रयोजन या प्रेरणा होती है। प्रयोजन लक्ष्य होता है, जिसे पाने के लिए काम किया जाता है।

किसी को प्रेरित करने का अर्थ है किसी को कुछ पाने के लिए प्रयोजन बताना। परीक्षा में विशिष्टता हासिल करने से बेहतर और क्या प्रयोजन हो सकता है? जब कोई इसे एक लक्ष्य की तरह अपना लेता है तो वह सफलता की ओर प्रेरित होने लगता है। हर सफलता के साथ यह प्रयोजन भी बढ़ता जाता है। काम के प्रति एक दिलचस्पी उत्पन्न करने के साथ-साथ व्यक्ति ज्यादा उत्साही, सक्रिय और कर्मठ हो जाता है।

प्रयोजन प्रेरित करने की एक सशक्त शक्ति है। एक तरफ अगर वह व्यक्ति को अत्यधिक धार्मिक बना देती है तो दूसरी ओर व्यक्ति के भीतर यह मृत्यु को नकारने की भावना भी उपजा सकती है। यह ऐसी प्रेरणा है, जो किसी युवा को सीमा पर जाकर देश की सेवा करने के लिए उकसाती है। युद्ध के समय एक सैनिक भावना और कुछ करने की प्रेरणा से इतना ओत-प्रोत होता है कि उसे मृत्यु का भी भय नहीं सताता है।

परीक्षा में अव्वल आना एक बहुत तीव्र किस्म का प्रयोजन नहीं है। हालांकि, बहुत अच्छा करने से ही परीक्षा में उत्तीर्ण हो सकते हैं और वही सफलता है। सफलता सबसे बड़ी प्रेरणा है। प्रत्येक सफलता दूसरी सफलता की ओर उठा एक कदम होती है।

हम किस तरह स्वयं को प्रेरित कर सकते हैं? बड़े सपने लें। हमेशा सफलता के बारे में सोचें। उन चीजों के बारे में सोचें जिन्हें सफलता अपने साथ लाती है। ध्यान रखें कि सफलता कभी भी ऐसे ही नहीं मिलती है। यह कठिन परिश्रम का नतीजा होती है। धीरे-धीरे आपको अहसास हो जाएगा कि सफलता को पाने में किया गया कठिन परिश्रम उसके आगे कुछ भी नहीं था।

रोजमर्रा की जिंदगी में निष्ठा से किया गया काम प्रशंसा दिलाता है। वह सबसे ज्यादा प्रेरणादायक होता है। आपके करीबी लोगों का प्यार सबसे ज्यादा प्रेरित करने वाला होता है। आपके माता-पिता, भाई-बहन, रिश्तेदार एवं अन्य मित्रों का स्नेह आपके अंदर प्यार और अपनेपन का अहसास भरता है।

अपने साथ तालमेल बिठाना प्रेरणा का सबसे मुख्य स्रोत है। जब हम अपने मन में शांति महसूस करते हैं तो प्रेरित होते हैं। काम, आनंद और आराम का सही संतुलन राहत प्रदान करता है। किशोर उचित संतुलन कायम करने और अपने लक्ष्य को पाने के लिए पढ़ने के साथ-साथ अन्य गतिविधियों में भी हिस्सा लेते हैं। ये गतिविधियां बेकार लग सकती हैं पर मानसिक प्रयास को संतुलित कर व्यक्ति को प्रेरित करती हैं।

पढ़ाई पर निगरानी रखने की बचपन की आदतें छात्रों को माता-पिता और अध्यापकों पर निर्भर होने के लिए उकसाती हैं। हालांकि, जो परीक्षा में अव्वल आने के लिए मेहनत करते हैं, वे स्वयं से प्रेरित होते हैं और बाहरी निगरानी पर निर्भर नहीं होते। वे स्वयं अपने कार्य का आंकलन कर लक्ष्य तय करते हैं। इन्हें निश्चित समय सीमा में पा लेना चाहिए। यह तभी संभव होगा जब हम स्वयं के प्रति जवाबदेह होंगे। जो बहुत कटिबद्ध होते हैं, वे असफल होने पर बहुत ज्यादा मेहनत करते हैं और समय सीमा में काम करने पर अपनी मेहनत का इनाम स्वयं अर्जित करते हैं। सजा और इनाम दोनों ही तुरंत सकारात्मक और रचनात्मक होने चाहिए। अधिक समय पढ़ना और टी.वी. न देखना सजा हो सकती है। किसी फिल्म को देखना तथा बिना योजना के कुछ करना इनाम हो सकता है।

ड्रॉइंग, पेंटिंग, संगीत, गायन आदि जैसी कलाएं राहत पहुंचा सकती हैं। यहां तक कि बच्चों को भी यह करना पसंद होता है। इन गतिविधियों को करने के बाद उनके लिए पढ़ाई में मन लगाना ज्यादा आसान होता है। जब आप कोई वाद्य संगीत न बजा रहे हों या गा नहीं रहे हों तब भी संगीत को सुनकर आप उससे प्रेरित करने वाली विशेषताओं का फायदा उठा सकते हैं। कई लोगों को लगता है कि अपना पसंदीदा संगीत सुनने के बाद वह ज्यादा बेहतर ढंग से रचनात्मक कार्य कर पाते हैं। दिन की सही शुरुआत करने के लिए कई लोग भक्ति संगीत सुनते हैं।

हो सकता है, जो चीज एक व्यक्ति को प्रेरित करे, वह दूसरे को न करे। हर व्यक्ति की पसंद अलग-अलग होती है। एक व्यक्ति को पार्क में सुबह की सैर या जॉगिंग करना अच्छा लगता है तो दूसरे व्यक्ति को घर में बैठकर भक्ति संगीत सुनना अच्छा लगता है। व्यक्तित्व के अनुसार संगीत की पसंद भी अलग-अलग हो सकती है।

पहचानें कि आपको सबसे ज्यादा प्रेरणा किससे मिलती है। अपने खाली समय का सदुपयोग पसंदीदा गतिविधियां करते हुए बिताएं। वह संगीत सुनें जिससे आपको राहत महसूस हो। ऐसे लोगों से दोस्ती करें जिनके साथ रहते हुए आप सकारात्मक ऊर्जा और परामर्श प्राप्त कर सकें। घर में या बाहर ऐसे वातावरण का निर्माण करें, जिसमें आप स्वयं को प्रेरित महसूस कर सकें और अपने निर्धारित लक्ष्य की प्राप्ति कर सकें।

करने योग्य काम

1. उन चीजों की सूची बनाएं जिनसे आपको प्रेरणा मिलती है।
2. नियमित रूप से अपने पसंदीदा संगीत को सुनें।

ध्यान देने योग्य बातें—

- ✦ सफलता प्राप्त करने वाले स्वयं शुरुआत करते हैं।
- ✦ प्रेरणा एक सशक्त प्रेरक शक्ति है।
- ✦ प्रेरित होने के लिए बड़े सपने लें। कड़ी मेहनत करें। धैर्य रखें।
- ✦ अपने आपके साथ तालमेल बिठाए रखें।
- ✦ जानें आपको कौन सी चीज प्रेरित करती है।
- ✦ हमेशा स्वयं को प्रेरणा के उच्च स्तर पर रखें।

मंत्र 2

स्वयं को जानें

सबसे लंबी यात्रा एक छोटे से कदम से आरंभ होती है। परीक्षा में विशिष्टता हासिल कर सफल होना जब हमारा लक्ष्य हो तो पहला कदम है स्वयं को जानना। हमें यह पता होना चाहिए कि हमें कैसे सीखना है? हमें पता होना चाहिए कि हमारी स्मरणशक्ति कैसे काम करती है? हम क्यों भूलते हैं? क्या हम अपनी स्मरणशक्ति को सुधार सकते हैं? अपने लक्ष्य की ओर बढ़ने के लिए हम और क्या कर सकते हैं?

सफल छात्रों के पास जिज्ञासु दिमाग होता है। उन्हें अपनी क्षमताओं पर भरोसा होता है, अपने काम के प्रति वास्तव में उन्हें दिलचस्पी होती है। वे सीखने को उत्सुक होते हैं। अगर किसी को पढ़ने में दिलचस्पी न हो तो किसी भी तरह की कोचिंग या प्रोत्साहन कारगर नहीं होता। विषय के प्रति गहन दिलचस्पी सबसे महत्त्वपूर्ण है।

जितना आप अपने बारे में जानेंगे, उतना ज्यादा अच्छा काम करेंगे।

मंत्र 2: पहला चरण

सीखने की प्रक्रिया

चूंकि परीक्षा ही किसी की योग्यता और ज्ञान को जानने का तरीका होती है इसलिए यह समझना बहुत जरूरी है कि किसी ने कितना ज्ञान और योग्यता हासिल की है। दोनों सीखने से आती है। सीखने का अर्थ है—अध्ययन या निजी प्रयास, टीचर या अनुभव के द्वारा किसी चीज में कुशलता या ज्ञान प्राप्त करना। किसी भी क्षेत्र में व्यवस्थित अध्ययन द्वारा ज्ञान या कुशलता प्राप्त करना भी सीखना होता है। अभ्यास, प्रशिक्षण और अनुभव के माध्यम से व्यवहार में सुधार लाना भी सीखना ही माना जाता है।

सीखना व्यक्ति का एक हिस्सा होना चाहिए

सीखना एक अस्थायी प्रक्रिया नहीं है। चूंकि इसका अर्थ ज्ञान या किसी क्षेत्र में विशिष्टता हासिल करना होता है, इसलिए इसकी प्राप्ति निश्चित समय और सही दिशा में निश्चित प्रयास के द्वारा ही हो सकती है। जब छात्र परीक्षा से पहले केवल रटकर शॉर्टकट लेना चाहते हैं और परीक्षा में पास होने के लिए केवल अपनी स्मरणशक्ति का प्रयोग करना चाहते हैं। उसके तुरंत बाद सब भूल जाते हैं, उसे सीखना नहीं कहा जा सकता है।

सही मायने में सीखने से व्यक्ति को क्या हासिल हो सकता है, यह समझने के लिए **रे पालमर** ने लिखा है, 'अगर विद्या को ठीक तरह से लागू किया जाए तो वह युवा को विचारशील, केंद्रित, उद्यमी, आत्मविश्वासी और सतर्क बना देती है तथा एक बूढ़े व्यक्ति को प्रसन्न और उपयोगी। यह समृद्धि में एक आभूषण है, विपदा में सहारा, हर समय का मनोरंजन, एकांत में खुशी, हर तरह की स्थिति में संयम और ज्ञान प्रदान करती है।'

किस तरह कोई व्यक्ति ज्ञान प्राप्त करे? **लिडिया एच. सिगोरनी** कहती हैं, 'सीखने की प्रक्रिया सही होनी चाहिए। क्या आवश्यक है? क्या उपयोगी है? क्या अच्छा लगेगा? इस व्यवस्था को उलटने का अर्थ है—किसी इमारत की चोटी से निर्माण कार्य शुरू करना।'

सीखने की प्रक्रिया

एक निश्चित स्तर को पाने के लिए यह समझना जरूरी है कि एक व्यक्ति कैसे कार्य करता है। जन्म से शुरू करते हैं तो एक शिशु अपने भोजन और सुरक्षा की आवश्यकताओं की पूर्ति कैसे करनी है, सीख लेता है। मां का अपने बच्चे के प्रति प्यार चीजों को आसान कर देता है। जब बच्चा कुछ महीनों का होता है तभी सीखने की प्रक्रिया आरंभ हो जाती है। बच्चे को बोलते हुए हर मां-बाप सुनना चाहता है। बच्चा सबसे पहले 'मां' और 'पापा' बोलना शुरू करता है। यह वह दोहराने से सीखता है।

इससे साबित होता है कि बच्चा आरंभ में स्वरों से सीखता है। हम सभी जानते हैं कि विभिन्न समुदाय समान भाषा के शब्दों को अलग-अलग ढंग से बोलते हैं। जब हम प्रत्येक समुदाय के लोगों को अलग-अलग बोलियां बोलते हुए देखते हैं तो पाते हैं कि उनका उच्चारण एक पीढ़ी से दूसरी पीढ़ी के पास चला जाता है। बच्चा जो शब्द दोहराता है, उसके लिए उनका कोई अर्थ नहीं होता। वह जितनी आसानी से अच्छे शब्द सीखता है, उतनी ही आसानी से बुरे शब्द भी।

कुछ समय बाद बच्चा उदाहरणों द्वारा सीखना शुरू कर देता है। वह अपने माता-पिता के क्रियाकलापों की नकल करता है। वह दूध पीने के लिए बोतल उठाना सीख जाता है। उसी तरह वह चम्मच उठाकर खाना सीख जाता है। यहां तक कि छोटा सा मग उठाकर नहाना भी सीख लेता है। धीरे-धीरे वह अपने दांत साफ करना सीख जाता है। फिर वह अपने खिलौने को पकड़ने एवं सोने जैसे आदेशों का पालन करना भी सीख लेता है।

बार-बार की जाने वाली क्रियाएं बच्चे के अवचेतन में संगृहीत हो जाती हैं। जैसे, जब बच्चा खा रहा होता है तो आंखें बंद होने पर भी स्वत: उसका चम्मच मुंह में ही जाता है। दांत साफ करने जैसे क्रियाकलापों के लिए उसे किसी की निगरानी की जरूरत नहीं पड़ती। बच्चा स्वत: ही उन्हें कर लेता है। अवचेतन मस्तिष्क उसका एक अलग व्यक्तित्व बना देता है।

फिर बच्चा गतिविधियों के तालमेल से सीखना शुरू करता है। तैरना या साइकिल चलाना सीखने के बाद वह भी व्यक्ति का हिस्सा बन जाता है। यह क्षमता पूर्ण रूप से वयस्क के जीव.०न में विकसित हो जाती है। जब वह स्कूटर, कार चलाते या अन्य ऐसी गतिविधियां करते हुए हाथों और पैरों का प्रयोग एक साथ करने लगता है।

बच्चा जब पहली बार स्कूल जाता है तो स्वर और बार-बार दोहराए जाने वाली गतिविधियों के माध्यम से सीखता है। छोटी कविताएं उसका ध्यान आकर्षित करती हैं और धीरे-धीरे उसके मस्तिष्क का हिस्सा बन जाती हैं। इस स्तर पर स्मरणशक्ति मुख्य भूमिका निभाना शुरू करती है। ध्यान आकर्षित करने और प्रशंसा पाने के लिए बच्चा कविताएं दोहराना आरंभ करता है। बच्चा जब बड़ा हो रहा होता है तब भी स्मरणशक्ति महत्त्वपूर्ण भूमिका निभाती है। यह बहुत ही दुर्भाग्य की बात है कि कई बच्चे इसका दुरुपयोग करते हैं, जब वे परीक्षा में शब्द दर शब्द लिखने के लिए केवल रट्टा लगाते हैं।

कुछ समय बाद बच्चे को तर्क के माध्यम से सिखाया जाता है। जैसे, दो और दो हमेशा चार होते हैं। 88 के बाद 89 आता है या शून्य एक से कम है। तर्क द्वारा सीखना बहुत महत्त्वपूर्ण है, क्योंकि तभी बच्चा कारण ढूंढ़ना सीखता है। वह अब समझने लगता है कि किसी चीज को केवल याद करने की बजाय समझना ज्यादा जरूरी है। इसमें कोई शक नहीं है कि अच्छी याददाश्त मायने रखती है। हालांकि विषय को अच्छी तरह समझकर उसे जीवन में उतारना ज्यादा महत्त्व रखता है।

किसी विषय को समझने और सीखने के लिए उसकी गहराई में जाना जरूरी होता है। व्यक्ति को पता होना चाहिए कि यह क्या और किसके बारे में है। ऐसा जानना जरूरी क्यों है? कैसे कोई इसके बारे में जान सकता है? कहां से इसके बारे में जाना जा सकता है? कब और कहां से पूरी जानकारी मिल सकती है? जब इन सबका उत्तर मिल जाता है तो विषय का ज्ञान बहुत व्यापक हो जाता है। धीमी प्रक्रिया होने के बावजूद वास्तव में ज्ञानी बनने का यही निश्चित रास्ता है।

बचपन में सरल स्वर से आरंभ किया जाता है। जैसे-जैसे बच्चा बड़ा होता है, नए विषय जुड़ते हैं। अतिरिक्त सूचना एकत्र की जाती है। व्यक्ति योग्य है और वास्तव में उसके पास ज्ञान है, यह प्रमाणित करने के लिए हर स्तर पर परीक्षा होती है।

चयनात्मक ज्ञान

अध्ययन के बढ़ते क्षेत्रों के साथ व्यक्ति को एक विषय अच्छा लगता है, तो दूसरा नहीं। जो विषय उसे पसंद होते हैं, वह उसी में अच्छा करता है और जो पसंद नहीं होते हैं, उसमें मुश्किल से ही पास होता है। अंकों में भिन्नता होने का कारण बिल्कुल साफ है- विषय में व्यक्ति की रुचि के साथ इसका संबंध है।

किसी विषय का चयन करना निजी मामला है। हालांकि हर व्यक्ति की पसंद भिन्न होती है, फिर भी पहले की उपलब्धियों द्वारा हम किसी विषय को पसंद या

नापसंद कर सकते हैं। असावधानी पूर्वक की गई टिप्पणियों के माध्यम से अध्यापक भी प्रभावित करते हैं। कौन सा विषय चुनना है, इसके लिए किसी का प्रोत्साहन भी प्रेरित करता है।

एक विषय छोड़कर दूसरे को चुनना उच्चस्तरीय शिक्षा में ज्यादा ठीक रहता है। इस स्तर पर किसी विषय में विशिष्टता करने की बात मन में आती है। हालांकि, निम्न स्तर पर विशेषकर हाई स्कूल तक विकल्प सीमित होते हैं। सारे विषयों में उत्तीर्ण होना जरूरी होता है। अगर कोई एक विषय में कमजोर होता है तो कारण का विश्लेषण कर उसको सुधारने के लिए कदम उठाए जा सकते हैं।

ज्ञान की ग्रहणशीलता

सीखने का एक अहम पहलू यह है कि ज्ञान के प्रति हमारी ग्रहणशीलता जानकारी प्राप्त करने से अलग-अलग ढंग से बढ़ती है। जैसे, किसी वक्तव्य को सुनने के बाद हम उसे बाद में याद करना चाहते हैं और उसका दसवां हिस्सा भी याद कर लें, तो हम भाग्यशाली कहलाएंगे। लेकिन अगर हमने वक्तव्य के दौरान उन बिंदुओं को नोट कर लिया है तो हमारी ग्रहणशीलता में सुधार होगा। अगर घर पहुंचने के बाद हम इन बिंदुओं को विस्तृत रूप से लिखना चाहते हैं तो हमारी ग्रहणशीलता और बढ़ जाएगी। अगर हम उस सूचना का प्रयोग व्यावहारिक रूप से करते हैं तो विषय को समझने की शक्ति और बढ़ जाएगी। अंततः हमारा उस विषय में ज्ञान और बढ़ जाएगा जब हम उसे नियमित रूप से अपने साथियों, दोस्तों, यहां तक कि छात्रों को पढ़ाएंगे।

व्यक्ति ने ज्ञान को हासिल करने के लिए अपने दिमाग को किस तरह प्रशिक्षित किया है, इस नई जानकारी को समझने के लिए अन्य महत्त्वपूर्ण पहलू हैं। अगर हम वक्तव्य सिर्फ इसलिए सुन रहे हैं क्योंकि उसका प्रजेंटेशन अच्छा है तो उसे हम तुरंत भूल जाएंगे। लेकिन पहले प्राप्त सूचना और अनुभव के आधार पर अगर हम उस लेक्चर की व्याख्या करते हैं और उसके गुणों के आधार पर मानसिक रूप से उसे अस्वीकृत या स्वीकृत करते हैं, तो हम उसका प्रयोग ज्यादा फायदेमंद ढंग से कर सकते हैं।

विचारें

किसी क्षमता का विकास करने का सबसे प्रभावी तरीका है निरंतर अभ्यास।

कोई भी दो एक व्यक्ति समान नहीं होते हैं। उसी तरह विषय को समझने की उनकी पकड़ भी भिन्न होती है। प्रत्येक व्यक्ति अपने पूर्व अनुभवों से सीखता है। इसलिए, हमें यह देखना चाहिए कि आरंभिक वर्षों में किस तरह ज्ञान बांटा गया था। सुधार की हमेशा संभावना होती है। जब व्यक्ति आगे बढ़ना चाहता है तो उसे अपनी सीखने की समझ के बारे में स्पष्ट होना चाहिए।

ध्यान देने योग्य बातें—

- सीखकर ही व्यक्ति ज्ञान की प्राप्ति और किसी क्षमता को ग्रहण करता है।
- ज्ञान हमारे व्यक्तित्व में नए आयाम जोड़ सकता है।
- सीखने की प्रक्रिया बचपन में आरंभ होती है। यह हमारे अवचेतन मस्तिष्क द्वारा नियंत्रित होती है।
- स्वर, उदाहरण, बार-बार की जाने वाली क्रिया, गतिविधि के समन्वय और तर्क द्वारा व्यक्ति सीखता है।
- किसी चीज के बारे में कौन, क्या, कहां, कब, क्यों और कैसे से ज्ञान आता है।
- चयन के आधार पर धीरे-धीरे सीखना शुरू हो जाता है।
- ज्ञान की ग्रहणशीलता निजी सोच और स्थितियों पर निर्भर करती है।
- हर व्यक्ति सीखने का अपना एक निजी ढांचा विकसित करता है।

मंत्र 2: दूसरा चरण

स्मरणशक्ति की प्रक्रिया

जो भी कोई परीक्षा की तैयारी कर रहा है, उसके लिए स्मरणशक्ति बहुत जरूरी है। यह सीखने की प्रक्रिया में एक महत्त्वपूर्ण तत्त्व की तरह काम करती है। सारा ज्ञान हमारी स्मरणशक्ति में संगृहित हो जाता है। परीक्षा में हम अपनी स्मरणशक्ति के द्वारा कितनी जानकारी याद रख सकते हैं, इसी पर वास्तविक परीक्षण आधारित होता है।

स्मरणशक्ति कैसे काम करती है?

अपनी स्मरणशक्ति का सही प्रयोग करने के लिए हमें यह जानना बहुत जरूरी है कि वह कैसे काम करती है? स्मरणशक्ति चार तरह से काम करती है :

1. **ध्यान और चयन :** हमारी इंद्रियों द्वारा बहुत सारी प्राथमिक सूचनाएं एकत्र होती हैं। जो भी चीज हम देखते हैं, सुनते हैं, सूंघते हैं या छूते हैं, वह जानकारी एकत्र करनी होती है। हर समय अनगिनत संदेश मिलते हैं। इसलिए उन्हीं संदेशों को रखना चाहिए जिन्हें हम रखना चाहते हैं।

2. **इंकोडिंग :** अगला चरण है चयन किए गए संदेशों को इंकोड करना। वह उसकी ध्वनि, रूप या उसके अर्थ के आधार पर इंकोड किया जा सकता है। आप जिस तरह सूचना को इंकोड करते हैं, वही उसकी याद रखने की क्षमता पर निर्भर करता है।

3. **संग्रह :** स्मरणशक्ति में जानकारी संग्रह करना इस चरण का लक्ष्य है। स्मरणशक्ति अल्पकालीन और दीर्घकालीन हो सकती है। अल्पकालीन स्मरणशक्ति संक्षिप्त और अस्थायी होती है– टेलीफोन नंबर की तरह, जिसे आप तभी तक याद रखते हैं, जब तक नंबर मिलाना होता है। नंबर मिल गया, आप उसे भूल गए। अल्पकालीन स्मरणशक्ति बहुत कम मात्रा में सीमित अवधि के लिए ही सूचना संचित कर सकती है। अगर अल्पकालीन स्मरणशक्ति को दीर्घकालीन स्मरणशक्ति में तब्दील करना हो तो इसे बार–बार दोहराने (जैसे बार–बार जिन टेलीफोन नंबरों का प्रयोग करते हैं) या पिछली स्मरणशक्ति

के साथ जुड़कर या नियमित रूप से सूचना का प्रयोग करने से (जैसे रोज कुछ समय के लिए विषय को पढ़ने से) सहायता मिलती है।

4. **पुनः प्राप्ति :** इसका संबंध याद रखने से है। यह इंकोडिंग के विपरीत है। अगर आप इंकोडिंग की स्पष्ट प्रक्रिया का अनुसरण करते हैं तो सुधार आसान हो जाता है। जैसे अगर आप इंकोडिंग के लिए ध्वनि कोड का प्रयोग करते हैं और उसी कोड का प्रयोग पुनः प्राप्ति के लिए करते हैं तो सूचना को पुनःप्राप्त कर सकते हैं। दुर्भाग्यवश, लोग इंकोडिंग के लिए एक कोड का प्रयोग करते हैं और पुनः प्राप्ति के लिए दूसरे का। इससे सूचना को पुनः प्राप्त करना कठिन हो जाता है। जो छात्र परीक्षा की तैयारी कर रहे हैं, उनके लिए यह खासतौर पर महत्त्व की बात है।

हालांकि चार प्रकार से स्मरणशक्ति की प्रक्रिया को बांटा गया है, फिर भी ध्यान देने योग्य बात यह है कि इनमें से प्रत्येक चरण एक-दूसरे से जुड़ा हुआ है। प्रक्रिया को बेहतर ढंग से समझने के लिए इसे बांटा गया है।

हर समय अपनी इंद्रियों के माध्यम से हम सब विशेष स्थितियों पर निर्भर करते हुए बहुत सारी सूचनाएं संचित करते हैं। इसे संवेदी स्मरणशक्ति भी कहा जाता है। यह भागते हुए आती है और तेजी से गायब हो जाती है। हमारे लिए महत्त्वपूर्ण है, उसे रखने के लिए चयन करना। अगर हमारे द्वारा चुनी गई सूचना सही नहीं है तो बहुत सारी निरर्थक सूचना जमा हो जाती है। जिनका परीक्षा के दौरान सूचना को प्रयोग करने का लक्ष्य होता है, उन्हें बहुत सोचकर, सही ढंग से चयन करना चाहिए।

स्मरणशक्ति और फाइलिंग कैबिनेट

सरल भाषा में समझने के लिए हम स्मरणशक्ति की तुलना फाइल रखने वाले कैबिनेट से कर सकते हैं। बहुत से लोग बाद में प्रयोग करने के लिए अपने दस्तावेजों को फाइलिंग कैबिनेट में रखते हैं। आज हमें कोई कागज मिलता है तो उसे महत्त्वपूर्ण समझकर हम फाइलिंग कैबिनेट में रख देते हैं। एक वर्ष बाद, जब हमें उस कागज की जरूरत पड़ती है और उसे हम तुरंत ढूंढ़ लेते हैं तो कहते हैं कि फाइलिंग व्यवस्था अच्छी है। लेकिन जरूरत पड़ने पर जब हम उसे नहीं खोज पाते तो कहते हैं कि फाइलिंग व्यवस्था ठीक नहीं है।

जब कोई परीक्षा में लिखता है तो बिल्कुल ऐसा ही होता है। अगर वह निर्धारित समय में जानकारी हासिल कर उत्तर पुस्तिका पर लिख पाता है तो उसे अच्छे अंक प्राप्त होते हैं। अगर जानकारी समय पर उपलब्ध न हो तो उसका कोई फायदा नहीं होता है।

अपने फाइलिंग सिस्टम को उपयोगी कैबिनेट में बदलने के लिए हम जरूरत के समय मिल जाने के लिए एक निश्चित तरीके को अपनाते हैं। जैसे, अगर फाइलिंग कैबिनेट की चार दराजें हैं, तो हम सबसे पहली दराज में कर संबंधी फाइल रख सकते हैं, दूसरी में संपत्ति संबंधी, तीसरी में व्यापार संबंधी और चौथी में बाकी मामलों से जुड़ी फाइलें रख सकते हैं।

और आसानी के लिए हम पहली दराज की कर संबंधी फाइलों पर लाल टेप बांध देते हैं, दूसरी दराज की फाइलों में नारंगी टेप और तीसरी में हरी टेप। इन फाइलों को रंगों के हिसाब से भी रखा जा सकता है।

और आसानी से फाइलें ढूंढ़ने के लिए फाइलों को वर्ष के हिसाब से भी रखा जा सकता है। हर साल के लिए एक फाइल हो। वित्त वर्ष को मानक निर्देश माना जाए। फाइल के अंदर कागजों को तिथि के हिसाब से लगाया जाए।

अगर किसी को वर्ष 1995-96 के सेल्स टैक्स के फाइनल ऑर्डर की जरूरत हो तो वह पहली दराज खोलेगा। नारंगी टेप वाली वर्ष 1995-96 की फाइल निकालेगा और सेल्स टैक्स ऑर्डर उसके हाथ में होगा। ऐसे ही अन्य दराजों से दस्तावेज ढूंढ़े जा सकते हैं। सही प्रणाली और व्यवस्था से चीजें आसानी से ढूंढ़ी जा सकती हैं।

स्मरणशक्ति प्रणाली

स्मरणशक्ति का प्रयोग करते हुए हमें वैसी ही प्रणाली का उपयोग करना चाहिए जैसी कि हमने फाइलिंग सिस्टम के दौरान की थी। अगर हम अनगिनत तरीकों का प्रयोग कर रहे हैं तो सूचना की इंकोडिंग करना नितांत आवश्यक है। हम चीजों को विभिन्न तरह के अनुभवों के साथ जोड़ सकते हैं। अगर कोई एक ही कोड के आधार पर इंकोडिंग करना चाहे तो कई बार मुश्किल उत्पन्न हो जाती है।

संग्रह करने के लिए प्रयोग की जा रही प्रक्रियाएं महत्त्वपूर्ण हैं। जब विभिन्न तरह की जानकारियों के साथ जोड़कर सूचना को संचित किया जाता है, तो संचय दीर्घकालीन होता है और ढूंढ़ने में आसानी रहती है।

अगर पहले तीन बातों का ध्यान रखा जाए तो ढूंढ़ने का चौथा तरीका आसान और सुविधाजनक हो जाता है। जब व्यक्ति परीक्षा देने जाता है तो सूचनाओं को याद करना बहुत जरूरी होता है। जब सही सूचना प्राप्त हो जाती है, तो अच्छे ढंग से परीक्षा हो जाती है।

अच्छी और खराब स्मरणशक्ति

ऐसा क्यों है कि कुछ लोगों के पास अच्छी स्मरणशक्ति होती है और कुछ के पास खराब? क्या पहले वालों को यह ईश्वर प्रदत्त होती है? नहीं। अच्छी स्मरणशक्ति वाले लोग अलग किस्म के नहीं होते। उनकी अच्छी स्मरणशक्ति के पीछे होता है उनका बेहतर आकलन, शिक्षा और मूल्यांकन। ये लोग नियमित रूप से अपनी योग्यताओं का प्रयोग करते हैं। स्मरणशक्ति भी शरीर के एक हिस्से की तरह है। रोज उसका अगर प्रयोग करेंगे तो उस पर निर्भर हुआ जा सकता है। अगर उसका प्रयोग नहीं करते तो वह धुंधला जाता है और अर्थहीन हो जाता है। हर किसी के पास अच्छी स्मरणशक्ति हो सकती है। यह इस बात पर निर्भर करता है कि आप किस तरह उसका प्रयोग करते हैं।

विचारें

मस्तिष्क एक अवयव है जो परिष्कृत कंप्यूटर को भी अपरिपक्व साबित कर सकता है।

स्मरणशक्ति में सुधार

क्या व्यक्ति किन्हीं दवाइयों द्वारा अपनी स्मरणशक्ति में सुधार कर सकता है? यह विचार कई युवाओं को ललचाता है। कई दवाई कंपनियां इस तरह की दवाइयां बेचने का दावा करती हैं। ये दवाइयां कितनी प्रभावशाली हैं? अगर वे प्रभावी होतीं तो क्या उत्कृष्ट छात्र बनाने में मदद न करतीं?

सच तो यह है कि भोजन में कुछ पोषक तत्त्वों की कमी ज्ञान हासिल करने की प्रक्रिया को प्रभावित करती है। संतुलित आहार लेने से इस समस्या से छुटकारा पाया जा सकता है। यह भी सच है कि सीखने की प्रक्रिया के दौरान तनाव व्याप्त हो जाता है। इस तनाव को सकारात्मक दृष्टिकोण और ऐसी दवाइयों के प्रयोग द्वारा जो शारीरिक और मनोवैज्ञानिक रूप से मदद करती हैं, नियंत्रित किया जा सकता है।

आयुर्वेद में ब्राह्मी को मानसिक क्रियाकलापों के लिए बेहतरीन माना जाता है और अनेक बालों के तेल में एक महत्त्वपूर्ण सामग्री के रूप में इसका प्रयोग किया जाता है।

माना जाता है कि यह स्मरणशक्ति में सुधार करता है और तनाव को कम। होम्योपैथी में यह एक पौधे के तत्त्व के रूप में उपलब्ध है और समान उद्देश्य के लिए इसका प्रयोग किया जाता है। बायोकैमी में कालीफॉस साल्ट स्नायु और मस्तिष्क की कोशिकाओं को सुधारने के लिए प्रयोग किया जाता है। ऐसी अन्य और भी जड़ी-बूटियां हैं। लेकिन डॉक्टर की निगरानी में ही इनका प्रयोग करना चाहिए। हालांकि, दवाइयों पर निर्भर होने के बजाय हरी पत्तीदार सब्जियों, फल, आवश्यक विटामिन और खनिज युक्त संतुलित आहार लेना ज्यादा ठीक है। जब संतुलित आहार लिया जाता है तो अतिरिक्त पूरकों की जरूरत नहीं होती है।

विचारें

एक कप कॉफी की कैफीन तीस मिनट में मस्तिष्क को प्रभावित कर देती है। इसका प्रभाव दो से आठ घंटों तक रहता है।

करने योग्य बातें

1. आपकी स्मरणशक्ति को सुधारने के लिए एक खेल खेलते हैं। आप और आपके मित्र एक घेरे में बैठ जाएं। गोल-गोल घूमते हुए पहला मित्र कहेगा, 'मैं बाजार गया था और आलू खरीदकर लाया।' अगला कहेगा, 'मैं बाजार गया था। और आलू और टमाटर खरीदकर लाया।' तीसरा कहेगा, 'मैं बाजार गया था और आलू, टमाटर और फूलगोभी खरीदकर लाया।' इस तरह से हर व्यक्ति सूची में एक नई सब्जी जोड़ता जाएगा। जो व्यक्ति ठीक तरह से लिस्ट को दोहरा नहीं पाएगा, वह खेल से बाहर हो जाएगा। आखिर में जो बचेगा, वही विजेता होगा। यह खेल सुनने की शक्ति, ग्रहण करने की क्षमता और स्मरणशक्ति में सुधार करता है।
2. इस खेल के विविध रूपों का प्रयोग करें। सब्जियों की जगह फल या अन्य वस्तुओं का प्रयोग करें। इस तरह से आप बोल सकते हैं ''मैं घूमने गया था और मैडरिड की यात्रा की।'' आप विश्व की राजधानियों या शहरों का नाम भी ले सकते हैं।

3. आप बाजार से जो-जो चीजें खरीदना चाहते हैं, उनकी लिस्ट बनाएं। लिस्ट को पॉकेट में रखें। सिर्फ याद करके बिना लिस्ट देखे वस्तुएं खरीदें। जब सारा सामान खरीद लें तो लिस्ट से मिलाकर देखें कि आप कौन-सी वस्तु खरीदना भूल गए हैं।

ध्यान देने योग्य बातें—

- स्मरणशक्ति प्रक्रिया को उचित ढंग से समझना जरूरी है।
- हम हर समय विभिन्न तरह की सूचनाओं के संपर्क में आते हैं।
- सूचना का सही चयन जरूरी है।
- इंकोडिंग का सुव्यवस्थित तरीका सूचनाएं ढूंढ़ने में मदद करता है।
- अनावश्यक सूचनाओं का संग्रह करने से बचें।
- इंकोडिंग के तरीके के साथ पुन: प्राप्ति के तरीके का तालमेल होना चाहिए।
- प्रभावी रूप से प्राप्त करने का अर्थ है परीक्षा में अच्छे अंक पाना ।
- कुछ लोगों की स्मरणशक्ति दूसरों से बेहतर होती है।
- प्रशिक्षण के द्वारा स्मरणशक्ति को सुधारा जा सकता है।

मंत्र 2: तीसरा चरण

हम क्यों भूलते हैं?

दीर्घकालीन स्मरणशक्ति में अनंत सूचनाएं लंबे समय तक संगृहीत की जा सकती हैं। हालांकि, कई बार हम इस सूचना को पाने में असमर्थ होते हैं लेकिन यह छात्र के लिए बहुत जरूरी है, क्योंकि सूचना की प्राप्ति परीक्षा में बहुत जरूरी है।

स्मरणशक्ति क्षति की एक निश्चित मात्रा संचित सूचना पर प्रभाव डालती है। इससे बचने के लिए अतिरिक्त सूचना को भी संचित करें ताकि एक हिस्सा खो भी जाए तो भी पूरी तरह से नुकसान न हो।

सूचना का प्रयोग न करने, उचित पोषण के अभाव, तनाव या ऐसी दवाइयां जो स्मरणशक्ति को खराब कर सकती हैं, का प्रयोग करने से स्मरणशक्ति में कमी आ सकती है। सूचना की हानि न हो, इससे बचने के लिए उस विषय के बारे में दुबारा सोचकर हम बीच-बीच में उसे दोहरा सकते हैं। अभ्यास करने से संचित सूचना की प्रक्रिया को सुदृढ़ करने में मदद मिलती है।

यहां तक कि किताब पढ़ते हुए हमने कुछ समय रुककर जो पढ़ा है, उसे दोहराना चाहिए। यह दोहराने की प्रक्रिया जोड़ने का कार्य करती है, जो अल्पकालीन स्मरणशक्ति से दीर्घकालीन स्मरणशक्ति तक सूचना पहुंचाने में मदद करती है। अगर पढ़ने के दौरान नोट्स ले लें, तो इससे भी सूचना का संचय करने में मदद मिलती है।

यह भी पाया गया है कि हम उस विषय को ज्यादा अच्छी तरह से याद रख पाते हैं, जिसे हम पसंद करते हैं। हमारी किसी विषय में रुचि याद रखने में मदद करती है। यह भी जरूरी है कि जब हम दो समान मुद्दों को एक साथ याद करने की कोशिश करते हैं तो उलझन और याद रखने की दिक्कत से बचने के लिए दोनों के बीच अंतर करने में सक्षम होते हैं।

आम स्मरणशक्ति के गुण

हम याद रखते हैं :

- पुरानी घटनाओं की अपेक्षा हम ताजी घटनाओं को बेहतर ढंग से याद रख पाते हैं।

- आम समारोहों की अपेक्षा खास मौके याद रहते हैं।
- जो चीजें हम बार-बार याद करते हैं, उनका प्रयोग उन चीजों की अपेक्षा जो कभी-कभार ही प्रयोग में आती हैं, ज्यादा बेहतर ढंग से कर सकते हैं।

विचारें

प्रसिद्ध मनोवैज्ञानिक एब्बिनगौस ने कहा था कि किसी विषय को सीखने के बाद हर बार दोहराई गई प्रक्रिया हमारी दीर्घकालीन स्मरणशक्ति में सूचना को ठोस बनाने में मदद करती है। इसलिए, जब लगे कि विषय सीख लिया है तब भी रुकें नहीं। थोड़ा-सा और प्रयास करने से आप परीक्षा में और बेहतर अंक प्राप्त कर सकते हैं।

करने योग्य बातें

1. पिछले छः महीनों में आपने जितनी फिल्में देखी हैं उनकी लिस्ट बनाएं। उसी दौरान पढ़ी किताबों की भी एक लिस्ट बनाएं। कौन सी लिस्ट तैयार करना ज्यादा आसान है और क्यों?
2. क्या आपको अपने माता-पिता, भाई-बहन, रिश्तेदार और मित्रों के जन्मदिवस याद हैं? महीने के हिसाब से लिस्ट बनाएं।
3. उन सभी अध्यापकों की लिस्ट बनाएं जिन्होंने आपको पहली से लेकर छठी कक्षा तक पढ़ाया है। कोई नाम छूट तो नहीं गया है? अगर छूटा है तो क्यों?

ध्यान देने योग्य बातें—

- एक निश्चित मात्रा में स्मरणशक्ति का हनन होना स्वाभाविक है।
- इससे बचने के लिए सूचना को समृद्ध करें।
- दुबारा दोहराएं, पढ़ें और विचारें।
- जैसा आप सोचते हैं, आपकी स्मरणशक्ति उससे भी बेहतर हो जाएगी।

मंत्र 2: चौथा चरण

स्मरणशक्ति का प्रयोग

परीक्षा में उत्तीर्ण होने के लिए केवल पढ़कर ज्ञान प्राप्त करना ही पर्याप्त नहीं है। जरूरत पड़ने पर सूचना को याद कर पाना भी महत्त्वपूर्ण है। परीक्षा में पास होना भी वैसी ही एक जरूरत है। हम पहले ही इसकी चर्चा कर चुके हैं कि स्मरणशक्ति की प्रक्रिया कैसे काम करती है? परीक्षा में अच्छे अंक पाने के लिए अपनी स्मरणशक्ति को विकसित कैसे करें? और (प्रयोग) कैसे करें? इसका जानना भी जरूरी है।

निम्नलिखित वाक्यों के एक विकल्प पर चिह्न लगाएं :

1. मैं चीजों का अवलोकन करने वाला व्यक्ति हूं।

   ☐ हां ☐ नहीं

2. मैं चीजों का विश्लेषण करने में यकीन रखता हूं।

   ☐ हां ☐ नहीं

3. चेहरों और स्थानों को मैं याद रख पाता हूं।

   ☐ हां ☐ नहीं

4. मैं अपनी चीजों को आसानी से ढूंढ़ लेता हूं।

   ☐ हां ☐ नहीं

5. मैं जानता हूं कि अच्छी स्मरणशक्ति बहुत जरूरी है।

   ☐ हां ☐ नहीं

अगर आपने हर प्रश्न का उत्तर 'हां' में दिया है तो आप पहले से ही ठीक प्रकार से अपनी स्मरणशक्ति का प्रयोग कर रहे हैं। हालांकि, अगर इनमें से किसी एक का उत्तर आपने 'ना' में दिया है तो आपको स्मरणशक्ति के प्रयोग को सुधारने की जरूरत है।

अच्छा अवलोकन

अच्छा अवलोकन न केवल अच्छे ज्ञान के लिए फायदेमंद है वरन् अच्छी स्मरणशक्ति के लिए भी आवश्यक है। अच्छी अवलोकन दृष्टि होने का मतलब है महत्त्वपूर्ण बारीकियों को जानना। ऐसा करने के लिए व्यक्ति अपनी सारी इंद्रियों का प्रयोग करता है। केवल देखकर ही स्थिति का जायजा लेना काफी नहीं है। जब भी संभव हो, हमें अपनी इंद्रियों का प्रयोग भी करना चाहिए। हमें सूंघना और सुनना चाहिए। हमें स्पर्श करना चाहिए। अगर भोजन से संबंधित बात है तो स्वाद भी अवलोकन को पूरा कर देता है।

किसी स्थिति में हम जितना ज्यादा इंद्रियों का प्रयोग करेंगे, उतनी ही हमारी स्मरणशक्ति बेहतर होगी। जैसे, जब कोई स्वादिष्ट व्यंजन हमारे सामने रखा जाता है तो उसकी खुशबू और उसे देखने से हमारे मुंह में पानी आ जाता है। जब हम खाते हैं तो हमारा स्पर्श उसके तापमान के बारे में बताता है और स्वाद हमारे अवलोकन में जुड़ जाता है। अगर वह करारी चीज है तो उसके कड़कड़ाने की ध्वनि हमारे अवलोकन में सम्मिलित हो जाती है। जब पांचों इंद्रियां जुड़ी होती हैं तो चाहे अच्छा हो या बुरा, उस व्यंजन का स्वाद हमारी स्मरणशक्ति में संचित हो जाता है और उसे हम लंबे समय तक याद रखते हैं।

जब हम कहीं घूमने जाते हैं तो राह में आने वाली कितनी चीजों को याद रखते हैं? कुछ ही याद रह पाती हैं। कुछ थोड़े समय के लिए याद रह पाती हैं। पर कोई भी उस व्यंजन की तरह याद नहीं रह पाती।

एक अन्य स्थिति में, जब हम विंडो शॉपिंग के खयाल से बाजार में घूम रहे होते हैं, तो बाहर कहीं घूमने की अपेक्षा हमें वहां समय बिताना ज्यादा याद रहता है। ऐसा इसलिए क्योंकि हम चीजों का अवलोकन करने में ज्यादा समय बिताते हैं। हम दिलचस्पी से उन्हें देखते हैं। उनके बारे में बात करते हैं, यहां तक कि उनकी कीमत भी पूछते हैं। उनके बारे में सोचते भी हैं कि क्या हम उनमें से कुछ खरीद सकते हैं। जितना ज्यादा हम अवलोकन करते हैं, उतनी ही हमारी स्मरणशक्ति बढ़ती है।

उसी तरह सीखने और ज्ञान प्राप्त करने की प्रक्रिया में अवलोकन करना बहुत ही महत्त्वपूर्ण भूमिका निभाता है। व्याख्यान के दौरान हमारी स्मरणशक्ति, जो हम व्याख्यानों के माध्यम से सुनते या देखते हैं, उस पर निर्भर करती है। जो भी हमने सुना होता है, पढ़ने से वह और बेहतर ढंग से याद हो जाता है। जो हमने सीखा होता है, वह नोट्स बनाने से और प्रखर हो जाता है। प्रैक्टिकल कक्षाओं में हम

जो भी सीखते हैं, उसके लिए हम अपनी दृष्टि, श्रवणशक्ति और छूने की शक्ति का प्रयोग करते हैं। इससे सीखना आसान हो जाता है और हमारी दिलचस्पी लंबे समय तक बनी रहती है। यही वजह है कि अधिकांश लोग प्रैक्टिकल कक्षाओं में पढ़ना पसंद करते हैं।

कारखानों और व्यावसायिक भवनों की यात्रा करने में सभी छात्रों को खुशी मिलती है। जिनकी अवलोकन शक्ति अच्छी होती है, वह इससे बहुत ज्ञान हासिल कर लेते हैं। अच्छा अवलोकन अच्छी स्मरणशक्ति की कुंजी है।

विचारें

प्रभावी अवलोकन क्षमता में केवल दृष्टि ही नहीं, समस्त इंद्रियों की जरूरत होती है।

विश्लेषणात्मक अवलोकन

अगर कोई आसानी से अवलोकन कर उसे भूल जाए तो भी विषय याद रहता है, पर लंबे समय के लिए नहीं। यह तब होता है, जब हम आगे बढ़कर अवलोकन की हुई चीज का विश्लेषण करते हैं। हम अपने विषय को लंबी स्मरणशक्ति में भेज देते हैं। थोड़ी सी मेहनत इसे हमारी स्मरणशक्ति का हिस्सा बना देती है। जिस चीज का हम अवलोकन करते हैं, उसका विश्लेषण उसी का हिस्सा होता है, जो हमारे सामने होती है। हम स्थिति को 'कौन, कैसे, कब, कहां, क्या और क्यों' के संदर्भ में देखते हैं। जो हम जानते हैं उसकी तुलना हम उससे करते हैं, जिसका हम अवलोकन करते हैं। तुलना करने के बाद हम उसे अपनी स्मरणशक्ति में एक उचित स्थान दे देते हैं।

इसे अच्छी तरह से समझने के लिए एक उदाहरण को समझें : कभी न कभी हम सबने छोटे बच्चों को चायदानी उठाते और उससे जलते देखा होगा। बच्चे को यह नहीं पता होता कि चायदानी गर्म चाय के लिए होती है। केवल जलने के बाद ही वह समझता है कि लापरवाही वश उठाया गया यह कदम उसे जला सकता है। बड़े लोग जलने से बचने के लिए हमेशा चायदानी को हैंडिल से उठाते हैं। उनकी स्मरणशक्ति उन्हें बताती है कि सावधान रहो, क्योंकि चायदानी का संबंध गर्म चाय और जलने से है।

जो ज्ञान पहले से ही हमारी स्मरणशक्ति में विद्यमान है, उसके साथ नई सूचना या ज्ञान को जोड़ने पर ही सीखने की प्रक्रिया निर्भर होती है। कई बार इन संबंधों

को ढूंढ़ना आसान होता है, कई बार नहीं होता। छात्रों के लिए इन संबंधों को ढूंढ़ना एक अध्यापक की जिम्मेदारी है। जब व्यवस्थित रूप से एक बिंदू से दूसरे बिंदु तक जाते हैं तो सीखना आसान हो जाता है।

जब जोड़ना आसान नहीं होता तो कोई क्या करता है? छात्रों के लिए आसान बनाने के लिए अध्यापकों ने कई तरीके अपनाए। जैसे, इंद्रधनुष के सात रंगों को विबग्योर (VIBGYOR) शब्द के द्वारा आसानी से याद रखा जा सकता है, जो हर शब्द के प्रथम अक्षर का प्रतिनिधित्व करते हैं-वायलेट, इंडिगो, ब्लू, ग्रीन, येलो, ऑरेंज और रेड। वैसे ही, भाजसाब (BHAJSAB) हमें महत्त्वपूर्ण मुगल शासकों के नाम याद रखने में मदद करता है : बाबर, हुमायूं, अकबर, जहांगीर, शाहजहां, औरंगज़ेब और बहादुरशाह जफर।

इस तरह जिन शब्दों को रचा जाता है, उन्हें परिवर्णी शब्द कहा जाता है। परिवर्णी शब्दों का प्रयोग अकसर संस्थाओं के बारे में बताने के लिए किया जाता है। **डब्ल्यू.एच.ओ.** : वर्ल्ड हेल्थ ऑर्गेनाइजेशन (विश्व स्वास्थ्य संगठन) **आई.सी.ए.आर.**: इंडियन काउंसिल फॉर ऐग्रीकल्चरल रिसर्च (भारतीय कृषि शोध परिषद्)। इस तकनीक का प्रयोग सीखने को आसान बनाने के लिए किया जा सकता है।

ऐसी ही एक और समान तकनीक है, परिवर्णी काव्य- विभिन्न वाक्यों से कोई वाक्य या कविता, जो उनके बारे में व्यक्त करे। जैसे, जोड़ने या घटाने से पहले गुणा या विभाजन करे। यह बताता है कि कैसे गणित कार्य करता है।

ताल, गाना और बार-बार दोहराने से भी याद रखने में मदद मिलती है। क्या आपने कभी ध्यान दिया है कि बच्चे कितनी तेजी से कविता या गीत सीख लेते हैं? यह ताल और बार-बार दोहराने के कारण ही होता है। संख्याओं को याद करते समय भी ताल मदद करती है। जैसे, जब हम किसी फोन नंबर को याद करने की कोशिश करते हैं तो हम उसे दो भागों में बांट लेते हैं-271 2691

किसी स्थिति को समझना भी चीजों को याद रखने का एक तरीका है। सार्वजनिक रूप से बोलने वाले लोग इस तकनीक का प्रयोग करते हैं और इस तरह बोलते हैं, मानो उस चीज को सामने देख रहे हों। अपने विवरण के द्वारा वे आपको एक शहर से दूसरे शहर तक पहुंचा देते हैं। एक बार जब कोई दृश्य आपके सामने होता है और वह आपकी दीर्घकालीन स्मरणशक्ति में चला जाता है, तो वह आपका हिस्सा बन जाता है और आप बहुत कम प्रयास से उसे याद कर पाते हैं।

विचारें

विचारों और भावों के जुड़ाव पर ही मुख्यतया स्मरणशक्ति निर्भर करती है।

चेहरे और स्थान को याद करना

कई लोगों को चेहरे, नाम और जगह याद रहते हैं, पर बहुतों को नहीं। ऐसे लोग हमेशा नुकसान में रहते हैं क्योंकि जब भी वे किसी से मिलते हैं तो उन्हें उनका नाम याद नहीं रहता है। जिन लोगों को याद रहता है, उनकी योग्यता की कद्र की जाती है।

नामों को याद करने का अच्छा ढंग है कि उन्हें दोहराएं। जब आप किसी नाम के बारे में सोचें तो चेहरा उसके साथ मिलना चाहिए। जब आप टेलीफोन के माध्यम से, मिलकर या पत्रों द्वारा एक-दूसरे के संपर्क में रहते हैं, तो नामों को दोहराना इसे आपकी स्मरणशक्ति का हिस्सा बनाने में मदद करता है।

कई लोगों में जगहो को याद करने की अलौकिक शक्ति होती है। एक बार वे वहां चले जाएं तो दुबारा रास्ता समझाने की उन्हें जरूरत नहीं होती है। ऐसा यात्रा के दौरान आने वाली चीजों से संबंध बनाने से होता है। यात्रा के दौरान अगर ये लोग बातचीत में व्यस्त होते हैं तो भी उनकी आंखें चीजों को अपनी स्मरणशक्ति में संचित करने के लिए घूमती रहती हैं।

हालांकि स्मरणशक्ति पांच इंद्रियों के द्वारा संदेशों को रिकॉर्ड करती है और फिर जरूरत के हिसाब से संचित करती है। तब भी सबसे जरूरी पहलू यह है कि स्मरणशक्ति इन संदेशों पर प्रतिक्रिया देने के लिए शरीर को साथ-साथ निर्देश देती रहती है। क्या आपने स्कवॉश या टेनिस खेलने वाले खिलाड़ियों को खेलते देखा है, दूसरे खिलाड़ी द्वारा फेंकी जा रही बॉल को ही खिलाड़ी नहीं देखता है वरन् यह भी भांप लेता है कि बॉल को कहां फेंका जाएगा और बॉल को मारने के लिए अपने शरीर को उसी गति में घुमाता है। इससे पता चलता है कि कितनी तेजी से स्मरणशक्ति स्थिति को पहचानती है, उसका उत्तर देती है और प्रतिक्रिया करने के लिए शरीर के विभिन्न हिस्सों को निर्देश भी देती है।

स्मरणशक्ति में विस्तृत क्षमता होती है। उसका बेहतर ढंग से कैसे प्रयोग किया जाए, यही मुख्य बात है। अगर यह बात समझ आ जाए कि स्मरणशक्ति कैसे काम करती है, तो परीक्षा में उत्तीर्ण होने में महत्त्वपूर्ण भूमिका निभा सकती है।

चीजों को आसानी से ढूंढ़ना

कई लोगों की आदत होती है चीजों को इधर-उधर रख देना और फिर जब जरूरत होती है तो वह उन्हें नहीं मिलती। जितनी ज्यादा महत्त्वपूर्ण चीज होती है उतनी ही ज्यादा मुश्किल होती है, उसे ढूंढ़ने में। ऐसा इसलिए होता है क्योंकि उसे सुरक्षित स्थान पर रखा जाता है। न मिलने पर लोग परेशान हो जाते हैं। जितनी कोशिश करते हैं, उतना परेशान होते हैं। अगली बार अगर ऐसा आपके साथ हो तो परेशान न हों। उसके बारे में सोचें नहीं। जब सोचना छोड़ देंगे तो वह मिल जाएगी।

जिन लोगों को इन समस्याओं से नहीं जूझना पड़ता, वे लोग संचय और याद रखने की तकनीक का पालन करते हैं। अपनी स्मरणशक्ति बढ़ाने का सबसे अच्छा तरीका है कि हर चीज की एक जगह हो। वहां से उपयोग करने के लिए चीजें उठाएं तो यथास्थान रख दें। इस तरह बिना किसी कठिनाई के आप आसानी से चीजों को ढूंढ़ लेंगे। कुशल लोगों की किताबें सही तरीके से शेल्फ पर लगी होती हैं और पेन किसी स्टैंड में रखे होते हैं। उनकी अलमारियां भी व्यवस्थित होती हैं। उनके निजी वाहन भी अच्छी स्थिति में होते हैं और इस तरह पार्क होते हैं कि किसी को मुश्किल न हो।

इसका हमारी स्मरणशक्ति से क्या संबंध है? जब आप चीजों को व्यवस्थित ढंग से रखते हैं तो आप अपने विचारों के प्रति और जो सीखते हैं उनके प्रति भी व्यवस्थित होते हैं। अगर आप आसानी से अपनी किताबें, पेन-पेंसिल और अन्य चीजों को ढूंढ़ पाते हैं, तो आवश्यक सूचना को खोज पाना भी आसान होता है। परीक्षा में उत्तीर्ण होने के लिए सीखने के लिए अच्छा व्यवस्थित व्यवहार सबसे मुख्य कदम है।

स्मरणशक्ति के बारे में अवगत होना

जब व्यक्ति को परीक्षा में उत्तीर्ण होने के लिए सूचना व ज्ञान का उचित प्रयोग करने के बारे में पता होता है तो वह अच्छी स्मरणशक्ति की आवश्यकता से भी अवगत हो जाता है। किसी भी अन्य शरीर के कार्य की तरह, इसकी भी देखभाल होनी चाहिए। अच्छा स्वास्थ्य, उचित आहार और पर्याप्त आराम, अच्छी स्मरणशक्ति होने के लिए जरूरी है।

जिनकी स्मरणशक्ति अच्छी होती है, वे अच्छे अवलोकनकर्ता होते हैं और शीघ्रता से जान लेते हैं कि उनके लिए क्या अच्छा है। विद्यमान अनुभव के साथ उसे जोड़ लेते हैं। अगर वे तुरंत सूचना को नहीं समझ पाते तो नोट्स लेते हैं और

उन्हें याद करते हैं। फिर बाद में उस सूचना को अपनी स्मरणशक्ति का हिस्सा बना लेते हैं।

वे इस बात से अवगत होते हैं कि प्रयोग न करने पर सूचना मिट जाती है। इसलिए जो भी सूचना आवश्यक हो उसे समय-समय पर याद करके समृद्ध करते रहना जरूरी है। आरंभिक दिनों में पढ़े गए विषय को याद करना जरूरी है, ताकि परीक्षा खत्म होने तक वह सूचना वर्तमान स्मरणशक्ति में संचित रहे।

जब नियमित रूप से किसी सूचना को याद रखना जरूरी हो तो प्रयोग के द्वारा वह व्यक्ति की सक्रिय स्मरणशक्ति का एक हिस्सा बन जाती है। यहां तक कि पहिया ठीक करने वाला लड़का भी जानता है कि साइकिल, स्कूटर, मोटरसाइकिल, कार, बस अथवा ट्रक में कितनी हवा भरनी चाहिए। यह काम या सूचना को बार-बार दोहराने से आता है।

करने योग्य बातें

1. अपनी अवलोकन की शक्ति को जांचने के लिए अपना फ्रिज खोलें और उसमें जो सामान है उसे नोट करें और दरवाजा बंद कर दें। फ्रिज में रखी सारी चीजों के बारे में लिखें। रखी हुई चीजों के साथ लिस्ट का मिलान करें। क्या आपने सारे सामान लिखे हैं?
2. अपनी कक्षा के सारे छात्रों की लिस्ट बनाएं। क्या आपने सारे नाम सही लिखे हैं? एक सप्ताह बाद वैसी ही लिस्ट फिर बनाएं। क्या कोई सुधार हुआ है?

ध्यान देने योग्य बातें—

- ✦ परीक्षा में उत्तीर्ण करने में स्मरणशक्ति महत्त्वपूर्ण भूमिका निभाती है।
- ✦ सूक्ष्म अवलोकनकर्ता अच्छी तरह से सीखते हैं।
- ✦ अवलोकन करते समय जितनी अधिक हो, उतनी इंद्रियों का प्रयोग करें।
- ✦ जो अवलोकन किया है, उसका विश्लेषण करने से याद रखना आसान होता है।
- ✦ जल्दी ज्ञान प्राप्त करने के लिए विचारों को जोड़ना सीखें।
- ✦ नाम व जगह याद रखना कोई रहस्य नहीं है। आप इसे आसानी से कर सकते हैं।
- ✦ हर चीज को यथास्थान रखें। इससे आप चीजों को आसानी से ढूंढ़ लेंगे।
- ✦ अच्छी स्मरणशक्ति की जरूरत के प्रति सदैव जागरूक रहें।

मंत्र 2: पांचवां चरण

अपने आपको समझें

शिक्षा और सीखने की प्रक्रिया किसी व्यक्ति के व्यक्तित्व पर प्रभाव डालती है। इसलिए स्वयं को समझना जरूरी है। और जब तक हम ऐसा नहीं करेंगे तब तक सीखने की प्रक्रिया द्वारा बेहतर चीज को प्राप्त करना संभव न होगा, न ही हम परीक्षा में अच्छा कर पाएंगे।

एक विकल्प पर निशान लगाकर इन वाक्यों का उत्तर दें :-

1. मेरा स्वास्थ्य अच्छा है।

   ☐ हां ☐ नहीं

2. मैं अपने भोजन और पोषक तत्त्वों के प्रति सतर्क हूं।

   ☐ हां ☐ नहीं

3. मुझे पता है कि अच्छे स्वास्थ्य के लिए व्यायाम करना जरूरी है।

   ☐ हां ☐ नहीं

4. मैं आराम और अच्छी नींद की जरूरत से अवगत हूं।

   ☐ हां ☐ नहीं

5. मैं भाग्यशाली हूं कि पढ़ाई में मुझे अपने घरवालों का सहयोग मिलता है।

   ☐ हां ☐ नहीं

अगर इनमें से किसी का भी उत्तर 'नहीं' में है, तो तुरंत आपको अपने जीवन के उस पहलू पर ध्यान देने की जरूरत है। आपको लक्ष्य पाना है और बहुत दूर तक जाना है। अच्छा स्वास्थ्य आपकी सबसे बड़ी पूंजी है।

अच्छा स्वास्थ्य

जीवन में किसी भी तरह की प्रगति के लिए अच्छा स्वास्थ्य सबसे जरूरी है। दुर्भाग्यवश, बहुत से युवा इसे नजरअंदाज कर देते हैं। चूंकि उनके पास ऊर्जा का विस्तृत भंडार होता है, इसलिए वे सोचते हैं कि हमेशा रहेगा। वे नहीं समझते कि प्रकृति का काम करने का अपना तरीका है। अगर कोई अनुशासित जीवन नहीं जीता है तो ऊर्जा का भंडार जल्दी ही खत्म होने लगता है।

आधुनिक युवा भाग्यशाली हैं क्योंकि छोटे परिवार होने के कारण मां-बाप उन पर ज्यादा ध्यान दे पाते हैं। इसके बावजूद युवाओं में मोटापे की बीमारी बहुत ज्यादा है, जिसकी वजह से अनेक समस्याएं हो जाती हैं। अधिकांश युवा आजकल मधुमेह जैसी बीमारियों से पीड़ित हैं। चूंकि अभिभावक उनसे बहुत ज्यादा अपेक्षाएं रखते हैं, इसलिए युवा तनाव में रहते हैं। तंबाकू और शराब का वे बहुत ज्यादा सेवन करते हैं। कई युवा सांस व पेट के विकारों से ग्रस्त हैं।

कोई भी व्यक्ति तभी स्वस्थ हो सकता है जब वह स्वास्थ्य के प्रति सचेत हो। मन शरीर को नियंत्रित करने वाला मुख्य केंद्र है। सकारात्मक विचारों द्वारा मन को पोषित कर अच्छे स्वास्थ्य को पाया जा सकता है। इसलिए अच्छे स्वास्थ्य के बारे में सोचें। अच्छे स्वास्थ्य के बारे में बात करें। खुश रहना सीखें। खुशी और अच्छा स्वास्थ्य आपस में संबंधित हैं। जब आप अच्छे स्वास्थ्य की जरूरत से अवगत हो जाएंगे, तो आप उन पहलुओं से भी परिचित हो जाएंगे, जो आपके स्वास्थ्य को बनाते और बिगाड़ते हैं। जो फायदा करते हैं उन्हें जानें व नुकसान पहुंचाने वालों से दूर रहें। अच्छी आदतों से ही अच्छा स्वास्थ्य मिलता है।

विचारें

दिमाग सबसे ज्यादा ऊर्जा खर्च करता है। पोषण की कमी उस पर प्रभाव डालती है।

पौष्टिक आहार

सारे युवा कहते हैं कि वे अच्छा खाते हैं। यहां तक कि अभिभावक भी कहते हैं कि वे अपने बच्चों को अच्छा खिलाते हैं। कुछ ही युवा सोच पाते हैं कि उनके प्रतिदिन का भोजन ही समस्याएं खड़ी करता है। स्वयं और उनके अभिभावकों को पता न होने के कारण वे थका हुआ महसूस करते हैं। गलत तरीके के भोजन की वजह से उनकी आंखों पर असर पड़ता है और वे पढ़ाई पर ध्यान नहीं दे पाते हैं। महंगे 'जंक फूड' को खाना पोषक तत्त्व प्रदान नहीं करता। अच्छा भोजन जरूरी है।

प्रोटीनयुक्त, कार्बोहाइड्रेट्स और थोड़ी सी वसा वाला भोजन लेना चाहिए। दूध, फल और सब्जियां, जिनसे भरपूर मात्रा में विटामिन और खनिज मिलते हैं, आहार का मुख्य हिस्सा होने चाहिए। भोजन को अच्छे से चबा-चबाकर आराम से खाना चाहिए। खाते समय काम और चिंता नहीं करनी चाहिए। अधिक खाने

से बचना चाहिए। स्नैक्स और पेय पदार्थ भोजन के रूप में नहीं लेने चाहिए। जितना संभव हो, पानी पीना चाहिए।

व्यायाम और अच्छा स्वास्थ्य

हालांकि कोई इस बात पर विश्वास नहीं करेगा पर पहले की अपेक्षा आज का युवा वर्ग ज्यादा आलसी है। टेलीविजन इस आलस्य का एक मुख्य कारण है। साइकिल की जगह स्कूटर और मोटरसाइकिल ने ले ली है। घरेलू उपकरण, सुविधाजनक जीवन-शैली और बदलती मानसिकता युवाओं में आलस्य पैदा करने के लिए जिम्मेदार है।

मानव शरीर में व्यायाम दो महत्त्वपूर्ण कार्यों को प्रभावित करता है—सांस और रक्त प्रवाह। दोनों शरीर के अन्य भागों पर प्रभाव डालते हैं। लेकिन पढ़ने पर उनका क्या असर पड़ता है, हम इस बात पर ध्यान देंगे। दोनों की कमी सीखने की प्रक्रिया को बुरी तरह से प्रभावित करती है। उखड़ी हुई सांस गंदा खून प्रवाहित करती है। खराब प्रवाह का अर्थ है हमारे दिमाग और शरीर के अन्य अंगों को खराब पोषण मिलना। क्या फिर हम अच्छा सीखने वाली क्षमता को विकसित कर पाएंगे?

व्यायाम हमारे फेफड़ों की क्षमता में वृद्धि करते हैं। हम जितनी गहरी सांस लेते हैं, उतना ज्यादा हम शरीर को ऑक्सीजन प्रदान करते हैं। गहरी सांस लेना बहुत राहत देता है। सही रक्त संचार से भी पता चलता है कि शरीर के विभिन्न अंगों तक पौष्टिक आहार पहुंच रहा है। यह रक्त से बेकार पदार्थों को निकालने में मदद करता है, दिमाग को सक्रिय रखने में मदद करता है और जल्दी थकने नहीं देता।

जो युवा बाहरी खेल खेलते हैं, वे अच्छा व्यायाम कर लेते हैं। लेकिन कई स्कूलों में खेलने की सुविधा न होने के कारण युवाओं की जीवन शैली निष्क्रिय हो जाती है। सैर करना, तैरना, जॉगिंग और साइकिल चलाने से अच्छा व्यायाम होता है। यहां तक कि घर के अंदर भी अच्छा स्वास्थ्य पाने के लिए व्यायाम कर सकते हैं।

विचारें

हममें से अधिकतर लोग सांस लेने के लिए अपने फेफड़ों का केवल दो-तिहाई हिस्सा ही प्रयोग करते हैं।

आराम, राहत और नींद

युवा दो तरह के दृष्टिकोण को अपनाते हैं: पहला अत्यधिक आराम और दूसरा नींद। जिसकी वजह से एक तरफ तो आलस्य उत्पन्न होता है, दूसरी तरफ अत्यधिक कार्य, जिसमें वे आराम, राहत और नींद को बिल्कुल ही नजरअंदाज कर देते हैं। दोनों ही दृष्टिकोण गलत हैं।

जैसे हमें कड़ी मेहनत करने की जरूरत है, वैसे ही हमें उचित आराम, राहत और नींद की भी जरूरत होती है। मनुष्य के शरीर को पुनः ऊर्जावान बनाने के लिए यह प्राकृतिक तरीका है। यहां तक कि वयस्कों के लिए भी काम के दौरान थोड़ा सा आराम कार्यक्षमता को बढ़ाता है। उसी तरह, अच्छी और आरामदायक नींद अगले दिन कठिन परिश्रम करने के लिए शरीर को पूरी तरह तैयार करती है।

आराम और नींद का जब परीक्षा पर पड़ने वाले प्रभाव के बारे में सोचा जाता है तो पता चलता है कि उनकी कितनी महत्ता है। परीक्षा के समय छात्र इसमें कटौती कर देते हैं, ताकि उन्हें पढ़ने के लिए फालतू समय मिल सके। यह गलत है। आराम करने से मनुष्य की कार्यक्षमता बढ़ती है, इसलिए उसे नजरअंदाज नहीं करना चाहिए। उसी तरह पूरे शरीर को पुनः शक्तिशाली बनाने और परीक्षा के लिए तैयार करने में नींद की भी महत्त्वपूर्ण भूमिका है।

ऐसे भी मामले देखने में आए हैं कि जो छात्र ठीक से आराम और नींद नहीं लेते हैं, वे परीक्षा के दौरान बिल्कुल पस्त हो जाते हैं। क्या आप ऐसी स्थिति में आना चाहेंगे? अगर नहीं, तो आराम और नींद की जरूरत को नकारें नहीं।

विचारें

नींद से आधे घंटे पहले गर्म पानी से स्नान करने से अच्छी नींद आती है।

परिवार का सहयोग और पढ़ाई

परिवार के सहयोग की आवश्यकता को नजरअंदाज नहीं करना चाहिए। समझने वाले अभिभावकों, भाइयों और बहनों के होने से हम बिना किसी रुकावट के पढ़ाई पर ध्यान दे सकते हैं। वस्तुतः, परिवार के द्वारा दिया गया भावनात्मक सहयोग हमें परीक्षाओं के लिए बेहतर ढंग से तैयारी करने में मदद करता है। सीखने और पढ़ने का संबंध दिमाग से है, जो हमारी भावनाओं को वैसे ही नियंत्रित करता है जैसे

शरीर के कलापों को। परिवार के संबंधों द्वारा भावनाएं गहराई तक प्रभावित होती हैं। जब संबंध अच्छे होते हैं तो हम खुशी महसूस करते हैं। अगर मतभेद होता है तो हम परेशान हो जाते हैं। इसलिए शारीरिक स्वास्थ्य की तरह भावनात्मक स्वास्थ्य भी जरूरी है।

हर तरह का काम किसी न किसी तरह का तनाव उत्पन्न करता है। वैसे ही पढ़ाई भी। परीक्षा के साथ एक उत्तेजना जुड़ी होने के कारण वे तनाव उत्पन्न करते हैं, खासकर परीक्षा से पहले। इस तनाव से मुक्त होने के लिए परिवार का सहयोग बहुत जरूरी होता है। परिवार का सहयोग पाने के लिए उन्हें अपने लक्ष्य के बारे में बताएं, अपनी पढ़ाई और दिनचर्या के बारे में भी। परिवार को अपने काम का एक हिस्सा बनाएं और उन्हें बताएं कि उनके सहयोग के बिना आप अपने लक्ष्य तक नहीं पहुंच सकते हैं। उन्हें अपनी उपलब्धियों पर गर्व करने दें। परिवार के सहयोग से आप बहुत कुछ पा सकते हैं।

करने योग्य बातें

1. दो सूची बनाएं- एक अपनी अच्छी आदतों की और दूसरी अपनी बुरी आदतों की। अच्छी आदतों को और सुदृढ़ करें तथा बुरी आदतों को दूर करें।
2, नाश्ते, दिन के भोजन और रात के खाने में आपने क्या खाना है, इसकी लिस्ट बनाएं। क्या आपको लगता है कि आपका आहार संतुलित है?
3. रोज कुछ शारीरिक व्यायाम करने की आदत डालें।

ध्यान देने योग्य बातें—

- ✦ लगातार प्रगति करने के लिए हमें खुद को समझना चाहिए।
- ✦ जीवन में तरक्की करने के लिए अच्छा स्वास्थ्य जरूरी है।
- ✦ अच्छे स्वास्थ्य के प्रति सतर्कता और सुविधाओं के बावजूद अधिकतर युवाओं को स्वास्थ्य समस्याओं से जूझना पड़ता है।
- ✦ संतुलित आहार शरीर के पोषक तत्त्वों की जरूरत को पूरा करता है।
- ✦ अच्छे पोषण की तरह व्यायाम भी जरूरी है।
- ✦ आराम और नींद से बचने का अर्थ है, हर तरह से स्वयं को कष्ट पहुंचाना।
- ✦ हमारे लक्ष्य को पाने में परिवार के सहयोग से बेहतर भावनात्मक स्वास्थ्य प्राप्त होता है।

मंत्र 3

अच्छी आदत अपनाएं

किसी भी व्यक्ति का व्यक्तित्व उसकी आदत पर निर्भर करता है, जो अच्छी व बुरी दोनों हो सकती हैं। अच्छी आदत मनुष्य की मदद करती हैं, तो बुरी आदत उसे नीचा देखने पर मजबूर करती हैं। यह वैसा ही है जैसे किसी का परीक्षा देने जाना।

एक बार जब निश्चित लक्ष्य तय हो जाए तो व्यक्ति को यह समझना जरूरी है कि सीखने की प्रक्रिया कैसे काम करती है और लक्ष्य प्राप्त करते हुए उनकी क्या स्थिति है। अगर लक्ष्य बड़ा हो तो अच्छी आदत रखना अगला चरण है, क्योंकि वे व्यक्ति के ज्ञान को प्रभावित करती हैं। प्रभावी ढंग से पढ़ने और सफलता पाने के लिए हमारे अंदर पढ़ने की अच्छी आदत होनी चाहिए। इन आदतों का पालन करने के बाद हम पढ़ाई की बेहतर दिनचर्या विकसित करने में कामयाब हो जाएंगे। यह हमें परीक्षा में उत्तीर्ण करने के हमारे लक्ष्य के करीब ले जाएगा।

मंत्र 3: पहला चरण

प्रभावी ढंग से पढ़ना

स्कूलों और कॉलेजों में विविध विषय पढ़ाए जाते हैं। दुर्भाग्यवश, छात्रों को कोई भी यह नहीं बताता कि वे प्रभावी ढंग से कैसे पढ़ें। अगर इसी पहलू को समझ लिया जाए तो छात्रों की पढ़ाई में सुधार हो सकता है। जिनका बौद्धिक स्तर औसतन होता है, वे भी बेहतर कर पाएं।

इस प्रतियोगी दुनिया में, जहां हमें कई चीजों के बारे में जानकारी होना बहुत जरूरी है, हमें यह समझना जरूरी है कि कठिन मेहनत करना ही काफी नहीं है। सही तरीके से काम करना ज्यादा महत्त्वपूर्ण है। प्रभावी ढंग से पढ़ने के लिए हमें पता होना चाहिए कि कम समय और कम प्रयास से कैसे सफलता प्राप्त की जा सकती है। यह जानने से पहले कि हम कैसे अपने ज्ञान को प्रभावी बना सकते हैं, यह जानें कि हमारी स्थिति क्या है। एक विकल्प पर निशान लगाकर इन प्रश्नों के उत्तर दें :

1. क्या मैंने अपनी पढ़ाई की समयसारिणी बना रखी है?

   ☐ हां ☐ नहीं

2. क्या मेरा पढ़ने का स्थान सुविधाजनक है?

   ☐ हां ☐ नहीं

3. क्या मेरे पास बैठने और काम करने के लिए सुविधाजनक कुर्सी है?

   ☐ हां ☐ नहीं

4. क्या मेरे पढ़ने वाली जगह में पर्याप्त रोशनी है?

   ☐ हां ☐ नहीं

5. क्या मेरी पढ़ाई का स्थान बाधारहित है?

   ☐ हां ☐ नहीं

अगर इनमें से किसी का भी उत्तर 'नहीं' है, तो आपके पढ़ने का स्थान सही नहीं है। सारे प्रश्नों के उत्तर 'हां' में हों, इसके लिए आपको तुरंत उचित कदम उठाने होंगे।

पढ़ाई के लिए समय-सारणी

पढ़ाई के लिए उचित समय-सारणी होना बहुत जरूरी है। जब हम एक समय-सारणी अपनाते हैं तो हम अपने सामने एक निश्चित दिनचर्या रखते हैं। उसे पूरा करने के लिए हम मानसिक रूप से अपने को तैयार करते हैं। हमें क्या करना है और क्या नहीं, समय-सारणी इस अवरोध को दूर कर देती है। हमारे पास आपके लिए एक योजना है, पर आपको उसका पालन करना होगा। चूंकि विविधता जीवन का हिस्सा है, इन विविधताओं को अपनाने के लिए योजना लचीली होनी चाहिए। किसी भी दिनचर्या में एक निश्चित समय या छूट होना अनिवार्य है।

पढ़ाई के लिए हम कैसे एक समय-सारणी बनाएं? यह स्कूल और कॉलेज की समय-सारणी जैसा ही है। आपका उस समय-सारणी पर कोई नियंत्रण नहीं होता है, क्योंकि स्कूल और कॉलेज के अधिकारी उसे बनाते हैं। लेकिन आपका अपनी समय-सारणी पर नियंत्रण हो सकता है, जो योजनाबद्ध हो ताकि जो आपने पढ़ा है उसे आप दुबारा पढ़ सकें। जो आपने पढ़ा है उसके अतिरिक्त आप और अधिक नोट्स बना सकते हैं। विषय से संबंधित गृहकार्य करने में भी आप समय का सदुपयोग कर सकते हैं। अगर एक से ज्यादा विषय पढ़े गए हैं तो आप अपने समय को बांट सकते हैं।

पढ़ने का स्थान

सीखने की प्रक्रिया को सुधारने के लिए पढ़ने का सुविधाजनक स्थान होना जरूरी है। क्या आपने देखा है कि उच्च प्रबंधकों के दफ्तरों में कितनी सुविधाएं होती हैं? सारे उच्च प्रबंधक अपने ज्ञान और अनुभव से गंभीरता से कार्य में सुधार और प्रगति करने के लिए मेहनत करते हैं। एक सुविधाजनक परिवेश बेहतर कार्य करने में मदद करता है।

एक छात्र के रूप में आपके पास पढ़ने के लिए कोई विशिष्ट कमरा नहीं भी हो सकता है। अगर ऐसा कमरा है, तो यह एक लाभ है। हालांकि, घर में जो भी स्थान उपलब्ध हो और जहां आप सुविधा महसूस करें, वही ठीक रहता है। लेटकर पढ़ने को सुविधाजनक स्थिति मानने की गलती कभी न करें। बिस्तर सोने के लिए सुविधाजनक स्थान है, पढ़ने के लिए नहीं। सुविधा का संबंध परिवेश से है। जब भी आप पढ़ने की जगह में जाते हैं, आपका दिमाग स्वतः ही पढ़ने की ओर चला जाना चाहिए। फिर आपको दिमाग उस ओर लगाने की मेहनत नहीं करनी पड़ेगी।

सुविधाजनक फर्नीचर

यह बहुत आश्चर्य की बात है कि ऐसे अनेक छात्र हैं, जिनके पास न तो सुविधाजनक कुर्सी है, न मेज। कई छात्र बिस्तर पर लेटकर, सोफे पर बैठकर किसी दीवान, स्टूल या नीची मेज पर बैठकर पढ़ते दिखाई देते हैं। तो इसमें आश्चर्य की क्या बात है कि वे जितना अच्छा कर सकते हैं, उतना नहीं कर पाते हैं।

सुविधाजनक कुर्सी पर पीठ सीधी करके बैठना बहुत जरूरी है। क्या आपने कभी इस बात पर ध्यान दिया है कि जब आप एकाग्र होना चाहते हैं तो आप बैठकर अपनी रीढ़ को एकदम सीधा कर लेते हैं? इससे एकाग्रता बढ़ती है। जब आप एकाग्र नहीं होते तो आप झुक जाते हैं और रीढ़ मुड़ जाती है। इससे एकाग्रता कम होती है। पढ़ते समय आपका एकाग्र होना बहुत जरूरी है। सीधी पीठ वाली सुविधाजनक कुर्सी पर बैठें। अगर आप नहीं खरीद सकते तो डाइनिंग टेबल की कुर्सी का प्रयोग करें।

आपके काम के लिए टेबल का सही होना भी जरूरी है। एक सामान्य मेज जमीन से तीस इंच ऊंची होती है। इस स्तर पर आराम से पढ़ा और लिखा जा सकता है। अगर आपके पास अपनी मेज है तो ठीक है वरना डाइनिंग टेबल का प्रयोग करें। हालांकि आपको अपने पढ़ने के समय को देखना पड़ेगा कि वे खाने के समय से न मिले।

प्रकाश व्यवस्था

पढ़ने की जगह पर उचित रोशनी का होना बहुत जरूरी है। जैसे आप अंधेरा होने पर रसोई में खाना नहीं बना सकते हैं, वैसे ही सही रोशनी न होने पर आप पढ़ नहीं सकते हैं। कई छात्र सिरदर्द और आंखों में दर्द होने की शिकायत करते हैं। दोनों चीजें खराब प्रकाश व्यवस्था के कारण होती हैं। दुर्भाग्यवश, स्कूलों और कॉलेजों में कई कक्षाओं में उचित रोशनी नहीं होती है। उसके लिए बेशक आप तुरंत कुछ न कर सकें, पर अपने घर में तो उचित प्रकाश व्यवस्था कर सकते हैं।

जो किताब आप पढ़ रहे हैं या कुछ लिख रहे हैं, रोशनी सीधी वहीं पड़नी चाहिए। इतनी रोशनी होनी चाहिए कि आप किताब को देख सकें और साथ-साथ उसमें देखकर लिख भी सकें। इसके अतिरिक्त, पढ़ते समय रोशनी आपके चेहरे पर नहीं पड़नी चाहिए। इससे आंखों पर बुरा प्रभाव पड़ सकता है और सिरदर्द हो सकता है। इससे एकाग्रता में भी कमी आती है।

विचारें

प्रत्येक दिन एक ही समय में पढ़ें। आपके शरीर की घड़ी वैसी ही बन जाएगी और इससे बेहतर परिणाम सामने आएंगे।

बाधाएं

अगर आप अपने पढ़ने के समय को सीखने का समय भी बनाना चाहते हैं तो बाधा नहीं होनी चाहिए। आपकी समयसारिणी इस तरह बनी हुई हो कि कम बाधाओं का सामना करना पड़े। अगर आप अकसर दरवाजा खोलते या फोन सुनते हैं, तो पढ़ने के समय परिवार के किसी अन्य सदस्य को वह काम करने को कहें। पढ़ने का वक्त खाने से बर्बाद न हो। एक साथ पढ़ना और खाना संभव नहीं है।

करने योग्य बातें

1. घर में अपनी पढ़ाई के लिए एक समयसारिणी बनाएं। अपनी सुविधा के अनुसार कुछ दिनों बाद उसमें तब्दीली करें।
2. अपने पढ़ने के स्थान की रोशनी की व्यवस्था को जांचें। अगर रोशनी अपर्याप्त है तो या तो स्रोत बदलें या एक टेबल लैंप खरीदें।

ध्यान देने योग्य बातें—

- अगर प्रभावी रूप से पढ़ा जाए तो एक औसत छात्र भी बेहतर कर सकता है। अपने कार्य को प्रभावी बनाएं।
- समयसारिणी आपके सामने एक निश्चित चर्या रखती है।
- पढ़ने का स्थान किसी का पढ़ने का मूड बनाता है। अपने पढ़ने के स्थान को सुविधाजनक बनाएं।
- बेहतर ढंग से पढ़ने के लिए सुविधाजनक कुर्सी और मेज जरूरी है।
- पढ़ने के स्थान पर पर्याप्त रोशनी होने से सिरदर्द, आंखों पर जोर पड़ने और तनाव से बचा जा सकता है।
- पढ़ने के समय किसी भी तरह की बाधाओं से बचें। ये सबसे ज्यादा समय बर्बाद करती हैं।

मंत्र 3: दूसरा चरण

पढ़ने की आदतें

जो भी काम हम बार-बार करते हैं वह आदत बन जाती है। हर चीज की शुरुआत एक विचार से होती है। यह विचार कार्य में तब्दील किया जाता है। बार-बार कार्य करने पर वह आदत बन जाती है। आदत अच्छी और बुरी दोनों हो सकती है। अगर हम परीक्षा में अच्छा करना चाहते हैं तो पढ़ने की अच्छी आदत होना जरूरी है। लेकिन पहले यह जानना जरूरी है कि अच्छी पढ़ने की आदत में क्या समाहित होता है।

आइए, इन प्रश्नों का उत्तर देकर हम अपनी क्षमताओं के बारे में जानने की कोशिश करें :

1. क्या मैं सीधा बैठता हूं और आराम से पढ़ता हूं?

   ☐ हां ☐ नहीं

2. क्या मुझे पढ़ने में आनंद आता है?

   ☐ हां ☐ नहीं

3. क्या मैं अपने विषयों पर ध्यान केंद्रित कर पाता हूं?

   ☐ हां ☐ नहीं

4. क्या मैं सिर्फ याद करने के बजाय विषय को समझने की भी कोशिश करता हूं?

   ☐ हां ☐ नहीं

5. क्या मैं आसानी से बोर हो जाता हूं?

   ☐ हां ☐ नहीं

अगर इनमें से किसी का भी उत्तर 'नहीं' है तो आपकी पढ़ने की आदत अनुचित है। सारे प्रश्नों का उत्तर 'हां' में आए, इसके लिए आपको उचित कदम उठाने चाहिए।

सुविधाजनक ढंग से पढ़ना

जब तक पढ़ने के दौरान सुविधा न हो, पढ़ाई ढंग से नहीं होती है। जोर-जोर से

पढ़ते हुए कई छात्र चलते हैं और याद करने की कोशिश करते हैं। कुछ सोफे पर पसरकर पढ़ते हैं। कुछ को बिस्तर पर लेटकर पढ़ने में मजा आता है। लेकिन इनमें से कोई भी तरीका प्रभावी नहीं है। इन तरीकों का प्रयोग करने पर अगर आपने सफलता प्राप्त की भी हो तो आप पढ़ने के लिए और बेहतर ढंग की खोज कर सकते हैं।

कुर्सी पर पीठ सीधे रखते हुए उचित ऊंचाई वाली मेज पर बैठना ही सही तरीका है। अब आप आराम से लिख भी सकते हैं। अगर संबंधित सामग्री की आवश्यकता हो तो आप उसे पास में भी रख सकते हैं। पढ़ते समय बिल्कुल वैसे ही बैठें, जैसे कि परीक्षा के दौरान बैठते हैं। इस तरह याद करना आसान होगा।

पढ़ने का आनंद

अगर आपको पढ़ना पसंद नहीं है, तो आप सीख नहीं सकते। अगर आप सीखेंगे नहीं, तो परीक्षा में भी अच्छा नहीं कर पाएंगे। आपकी क्षमता का सीधा संबंध आपकी विषय में रुचि होने से है। जब विषय में दिलचस्पी होती है, तो आपको पढ़ने में आनंद आता है। इसलिए दिलचस्पी सबसे जरूरी है और वह आपको पढ़ने के लिए प्रेरित करने में मदद करेगी।

हाईस्कूल के स्तर तक विभिन्न विषयों को पढ़ना पढ़ता है, इसलिए सभी विषयों में रुचि रखना जरूरी है। आप अपने मनपसंद विषयों में अव्वल आएं पर बाकी विषयों में भी अच्छे अंक लाने होंगे, अन्यथा पूरा परिणाम खराब हो जाएगा। बाद में, जब सीनियर स्कूल या कॉलेज में पहुंचेंगे तो रुचि बनाए रखना मुश्किल नहीं होगा, क्योंकि आप जो पढ़ना चाहते हैं उसे चुनने के लिए आप स्वतंत्र होंगे।

एकाग्रता

सही ढंग से सीख न पाने के पीछे एकाग्रता की कमी होना सबसे मुख्य कारण है। कई छात्रों की यह शिकायत होती है कि वे पढ़ने तो बैठते हैं, पर ध्यान नहीं लगा पाते हैं। जिस वजह से वे विषय को ठीक से समझ नहीं पाते। इस समस्या से बचने का पहला उपाय है कि पढ़ने के लिए उचित स्थान हो, जिससे आपको पढ़ने की प्रेरणा मिले। एक निश्चित जगह से हमारा दिमाग एक क्रिया से जुड़ा होता है, इसलिए उचित पढ़ने की जगह होने से एकाग्र रहना आसान होगा।

एकाग्रता बढ़ाने का दूसरा उपाय है विषय में दिलचस्पी पैदा करना । जितनी ज्यादा रुचि होगी उतना ध्यान बढ़ेगा। अपने पसंद के विषयों में दिलचस्पी रखना आसान है। पर ऐसा हर विषय के साथ नहीं हो सकता है। ऐसा होने पर, आप

विषय की उपयोगिता को देख मन में तय करें कि यह विषय आपके लिए क्यों महत्त्वपूर्ण है। और कुछ नहीं तो आप कैसा करते हैं, इसी पर आपका परिणाम निर्भर करता है। निजी प्रेरणा, एकाग्रता विकसित करने में मदद करती है।

जब आपकी किसी विषय पर एकाग्रता न हो पाए तो उसे पढ़ें, सोचें और उसके बारे में नोट्स लें। आप जितने लंबे समय के लिए अपनी स्मरणशक्ति को टटोलेंगे, उतने ही बेहतर ढंग से इसे समझने लगेंगे। आपके नोट्स विषय को याद करने में मदद करेंगे, जो परीक्षाओं के दौरान बहुत उपयोगी सिद्ध होता है।

विचारें

एकाग्रता सुधारने के लिए विषय में दिलचस्पी पैदा करें।

विषय को समझें

जब कोई विषय को समझने में असमर्थ होता है, तो उसे याद करना ही दूसरा विकल्प होता है। वे जोर-जोर से उसे पढ़ते हैं और दोहराकर उसे याद करने की कोशिश करते हैं। कुछ परीक्षा के दौरान ऐसा करने में सफल हो जाते हैं और सावधानी पूर्वक लिख लेते हैं। पर इन छात्रों को कभी विषय समझ नहीं आता या याद करने से कोई फायदा नहीं होता। परीक्षा के तुरंत बाद जो उन्होंने याद किया था, वे भूल जाते हैं।

विषय को समझने में ही सही समाधान निहित है। यह क्यों जरूरी है, इसे समझना चाहिए। अगर आप पढ़ाई की सही तकनीक का पालन करेंगे, तो विषय को समझना मुश्किल नहीं होगा। पर आप ऐसा जल्दबाजी में नहीं कर सकते हैं। इसलिए आराम से करें। धीरे-धीरे हर चीज को अपने दिमाग में आने दें। अगर आप असहनशील हैं तो कभी नहीं पढ़ पाएंगे। सभी अच्छे छात्रों द्वारा पालन की जाती तकनीकों में आपको भी धीरे-धीरे विद्वता हासिल करनी होगी। हम इसके बारे में विचार करेंगे।

बोरियत

जिस व्यक्ति को अपने काम में कोई दिलचस्पी न हो, वह आसानी से ऊब जाता है। लोग अकसर कहते हैं कि उनका मूड अच्छा नहीं है। क्या ऐसा व्यक्ति जो कुछ पाना चाहता है, अपने मूड के ठीक होने तक का इंतजार करेगा? मूड किसी की मानसिक स्थिति को प्रदर्शित करता है। सकारात्मक ढंग से व्यक्ति को विकास

करना चाहिए। नकारात्मक ढंग से वह निराश हो सकता है। दोनों ही तरह से मूडी होने से काम नहीं छोड़ा जा सकता है।

बोरियत केवल सोचने की बात है। अगर हम कुछ पाना चाहते हैं, तो हमें इस बोरियत को छोड़ काम में जुट जाना चाहिए। सही कार्य सही परिणाम दिखाते हैं। जब आपके सामने लक्ष्य होता है और एक निश्चित चर्या भी, तब किसी प्रेरणा का इंतजार नहीं कर सकते हैं। यह आपके अंदर से ही उत्पन्न होनी चाहिए। आपको स्वयं को कैसे प्रेरित करते रहना है, यह सीखना होगा। यह हमेशा आपको ऊर्जावान बनाए रखेगा।

करने योग्य बातें

1. अपनी अच्छी और बुरी आदतों की सूची बनाएं। आप अपने पढ़ने की आदत को किस वर्ग में डालेंगे? आप कैसे अपनी बुरी आदत को अच्छी आदत में बदलने की योजना बनाएंगे?
2. पढ़ाई के बेहतर माहौल के लिए अपनी कॉपी, किताबें, पेन, पेंसिल आदि को व्यवस्थित करें।
3. अपनी पढ़ाई की आदतों को सुधारने के लिए एक समय सीमा निश्चित करें।

ध्यान देने योग्य बातें—

- सफलता और हार दोनों के लिए आदत निर्माण की ईंट है।
- पढ़ाई की अच्छी आदत से बेहतर परिणाम मिलता है।
- पढ़ने का सुविधाजनक स्थान पढ़ने का मूड बनाता है।
- एकाग्रता प्रभावी ढंग से पढ़ने में मदद करती है।
- विषय को सही ढंग से समझने के लिए केवल याद करना या रटना अच्छा विकल्प नहीं है।
- बोरियत मन की स्थिति है। जीतने की इच्छा रखने वाले किसी प्रेरणा का इंतजार नहीं करते।
- अच्छी पढ़ने की आदतों से प्रतिदिन अच्छी पढ़ाई होती है।

मंत्र 3: तीसरा चरण

सफलता की तैयारी

क्या आप सफल छात्र बनने के लिए तैयार हैं? हर कोई 'हां' में ही जवाब देना चाहता है। लेकिन सिर्फ कहने से ही सफलता नहीं मिल जाती। उसके लिए मेहनत करनी पड़ती है। कुछ वाक्य यहां दिए जा रहे हैं। आपके लिए जो उचित विकल्प हैं, उन पर निशान लगाएं—

1. मैं अनुशासित हूं।

   ☐ हां ☐ नहीं

2. मैं समस्याओं और अनुबंधों को व्यवस्थित ढंग से निबटाता हूं।

   ☐ हां ☐ नहीं

3. किसी भी काम को करने से पहले मैं हमेशा निर्देशों को पढ़ता हूं।

   ☐ हां ☐ नहीं

4. मैं काम को समय पर पूरा करना पसंद करता हूं।

   ☐ हां ☐ नहीं

5. जब भी संदेह होता है मैं जांच करता हूं।

   ☐ हां ☐ नहीं

अगर सबका उत्तर 'हां' नहीं है तो आपको खुद को ठीक ढंग से समझने की जरूरत है। जहां जरूरी हो, वहां सुधार करें। इससे सफलता मिलेगी ही।

स्व-अनुशासन

सफलता प्राप्त करने का पहला कदम है, स्वयं को अनुशासित करना। जो लोग अनुशासन में नहीं रहते हैं, वे कभी सफल नहीं होते। पूरा ब्रह्मांड ईश्वर द्वारा लागू किए गए अनुशासन के आधार पर चलता है। नक्षत्र एक पूर्व निर्धारित प्रणाली के आधार पर चलते हैं। एक निश्चित तिथि में मौसम बदलता है। साल दर साल पशु और पौधे प्रतिक्रिया करते हैं। अगर यह अनुशासन टूट जाए, तो सब अस्त व्यस्त हो जाएगा। जल्दी ही सारा जीवन नष्ट हो जाएगा।

मानव की सफलता भी अनुशासन पर निर्भर करती है। यह सबके साथ निजी तौर पर आरंभ होनी चाहिए। इसके लिए हमें स्वयं को ही समझना होगा। चूंकि दो व्यक्ति समान नहीं होते, हमें यह समझना चाहिए कि हम अच्छे और बुरे का मिश्रण हैं। इसलिए अपनी ताकत के साथ हमें अपनी कमजोरियों का भी पता होना चाहिए। ऐसा करके हम अपनी ताकत पर जोर देकर अपनी कमजोरियों को अपनी ताकत में बदलने की कोशिश करेंगे।

काम को व्यवस्थित ढंग से करना

सबसे पहले आपको यह सीखना है कि कैसे सफलता प्राप्त कर परीक्षा में उत्तीर्ण होना है। इसके लिए आपको दो चीजें करने की जरूरत है। पहले, स्वयं को जानें। दूसरा, परीक्षा में अच्छा करने के लिए स्वयं को तैयार करें।

अपने को जानने के लिए यह समझना आवश्यक है कि बचपन से लेकर वयस्क तक का जीवन सभी युवाओं के लिए प्रयत्न करने का समय होता है। हालांकि हमारी परीक्षाएं बचपन में ही शुरू हो जाती हैं, वे हमारे किशोरावस्था में प्रवेश करते ही आवश्यक हो जाती हैं। हमें जीवन में शैक्षिक और कैरियर संबंधी लक्ष्य बनाने चाहिए। इसलिए छात्रों को स्वयं अपने शारीरिक और भावनात्मक परिवर्तनों को वक्त के अनुसार लेकर अपने सुव्यवस्थित शारीरिक और शैक्षिक विकास पर ध्यान लगाना चाहिए।

जीवन के इस चरण में युवाओं को अपनी कई समस्याओं के उत्तर चाहिए होते हैं। इसलिए उन्हें इस विषय से संबंधित किताबें पढ़नी चाहिए। एक अच्छी किताब उनकी जिज्ञासाओं का समाधान करेगी और उलझे हुए दिमाग को राहत पहुंचाएगी। फिर वे सफलता की ओर अपनी यात्रा की ओर ध्यान केंद्रित कर सकते हैं।

सफलता के शैक्षिक पहलू के बारे में इस किताब में चर्चा की गई है। जब तक आप पढ़ना खत्म करेंगे और परीक्षाओं में उत्तीर्ण होने की बात को समझेंगे, आप सफलता की ओर कदम बढ़ा चुके होंगे।

पढ़ने के निर्देश

किसी दिशा की ओर निर्देश प्राप्त करना, किसी भी यात्रा का एक हिस्सा होता है। कोई भी सीखकर जन्म नहीं लेता है। हर किसी को सीखने की जरूरत होती है। समस्या यह नहीं है कि सही दिशाएं उपलब्ध नहीं हैं। वास्तविक समस्या यह है कि कई युवा यह मानते हैं कि वे सब कुछ जानते हैं। उन्हें लगता है कि उन्हें किसी दिशा की जरूरत नहीं है। लेकिन जब वे बिना दिशा के आगे बढ़ते हैं तो

कई बार वे बिना यह समझे कि वे गलत राह पर जा रहे हैं, लंबे रास्तों पर निकल पड़ते हैं।

दिशा तलाशना और उसे समझने का अर्थ है कि इस काम में क्या करने की जरूरत है। कुछ लोगों में दिशा-निर्देशों को सावधानीपूर्वक पढ़ने की आदत होती है, कुछ में नहीं। परीक्षाओं में अनगिनत छात्र इसलिए फेल होते हैं, क्योंकि उन्होंने निर्देशों को ठीक से समझा नहीं होता है। प्रश्नों को गलत ढंग से समझकर उनके उत्तर दिए जाते हैं। जो परीक्षक ने चाहा था वैसा उत्तर न मिलने की स्थिति में वह अच्छे अंक कैसे देगा?

समय पर काम पूरा करना

समय पर काम करने से ज्यादा अंक मिलें, ऐसा संभव नहीं है। पर यह व्यक्ति का समय के प्रति दृष्टिकोण जरूर प्रदर्शित करता है। अगर आप परीक्षा में अच्छा करना चाहते हैं तो यह समझ लेना चाहिए कि हर परीक्षा एक समय सीमा में होती है। इससे कोई फर्क नहीं पड़ता कि छात्र अर्ध वार्षिक परीक्षा दे रहा है या किसी प्रतियोगी परीक्षा में बैठा है। सारी परीक्षा समय सीमा में होती हैं। हमें इस सच को स्पष्ट रूप से समझ लेना चाहिए।

जब परीक्षा समय सीमा में होती है, तो हम इस बात को नजरअंदाज नहीं कर सकते कि तैयारी भी एक समय सीमा में होनी चाहिए। जिस दिन से हम किसी परीक्षा में बैठने की तैयारी में जुटते हैं, प्रत्येक दिन ऐसा कुछ हमें करना चाहिए जिससे परीक्षा में सफलता पा सकें। कछुए और खरगोश के बीच की दौड़ के बारे में कई बार दोहराया जा चुका है। हांलाकि, कछुआ बार-बार हमें रोज कुछ चलने की बात याद दिलाता है। यही अच्छा समय प्रबंधन है। समय को लेकर जो आदतें अब आप अपनाएंगे, वे आपको व्यावसायिक जीवन में बहुत आगे तक ले जाने में मदद करेंगी।

तथ्यों को जांचना

किसी को भी हर बात नहीं पता होती। यहां तक कि अध्यापकों को भी नहीं। अगर आपको कोई बात पता न हो तो उसे पूछने में हिचकिचाएं नहीं। अगर कोई ऐसा न हो जो बता सके तो किताबों में देखें। पुस्तकालय सूचनाओं का भंडार होता है। विश्वव्यापी रूप से इंटरनेट जानकारी का आधुनिक भंडार है।

जो लोग परीक्षा में अच्छा करते हैं, उनके अंदर जिज्ञासु दिमाग होता है। प्रश्न पूछना या जो भी सीखना चाहते हैं, उसके बारे में वे जानकारी एकत्र करने के

इच्छुक रहते हैं। इसी आदत से सफलता प्राप्त हो सकती है। सीखने वालों की मेज या अलमारी में एक एटलस, शब्दकोश, थिसॉरस, पर्यायवाची और एक से अनेक शब्दों तथा मुहावरों की किताबें होनी चाहिए। ये अलमारी पर सजाने के लिए नहीं होतीं वरन् जरूरत पड़ने पर शीघ्रता से जानकारी हासिल करने के लिए होती हैं। ऐसा कोई भी विद्वान नहीं है जिसे और सीखने की जरूरत न पड़े।

विचारें

मानसिक गतिविधि की अपेक्षा शारीरिक गतिविधि के लिए एकाग्रता बनाए रखना ज्यादा आसान है। पढ़ना मानसिक गतिविधि है और लिखना शारीरिक। पढ़ने और लिखने की गतिविधियों को मिलाएं।

करने योग्य बातें

1. आप जो हैं उससे कहीं अधिक सफल होने के लिए ऐसी पांच चीजें लिखें जो आपको करनी हैं।
2. पांच लोगों से पूछें कि आपके समय प्रबंधन के बारे में उनकी राय क्या है। क्या वे मानते हैं कि आपको समय की कद्र है?

ध्यान देने योग्य बातें—

- ✦ स्व-अनुशासन सफलता की पहली सीढ़ी है।
- ✦ अपने को समझने से शुरू करें।
- ✦ काम के प्रति व्यवस्थित रुख सफल बनने में मदद करता है।
- ✦ दिशा की ओर बढ़ने के लिए निर्देशों का पालन करना यात्रा का एक हिस्सा है।
- ✦ समय पर काम करने का अर्थ है अच्छा समय प्रबंधन।
- ✦ हर कोई हर बात नहीं जानता। तथ्यों को जांचने में हिचकिचाएं नहीं।

मंत्र 3: चौथा चरण

अध्ययन की समय-सारणी

घर पर आपकी पढ़ने की एक निश्चित समय-सारणी अवश्य होगी। इसकी तुलना स्कूल या कॉलेज की समय-सारणी से की जा सकती है। इसमें होमवर्क करना और जो उस दिन पढ़ा है, उसे दोहराने तथा कुछ नोट्स बनाने का प्रावधान भी होगा। जिस दिन स्कूल या कॉलेज न जाना हो, उस दिन नोट्स बनाने और पढ़ाई करने में उस समय को बांटा जा सकता है।

पढ़ने के एक महत्त्वपूर्ण हिस्से को निजी क्षमताओं को सुधारने के लिए सुरक्षित रखा जाना चाहिए। अपनी निजी क्षमताओं द्वारा एक व्यक्ति दूसरे से भिन्न होता है। जितनी ज्यादा उसके अंदर क्षमताएं होती हैं, वह उतना ही ज्यादा योग्य होता है। सर्वांगीण विकास की आपके पास विविध तरह की क्षमताएं होनी चाहिए। आने वाले अध्यायों में हम पढ़ाई और परीक्षा संबंधित बातों पर चर्चा करेंगे।

अधिकांश अभिभावक शिक्षा पर बहुत ज्यादा जोर देते हैं। लेकिन न खेलने और केवल पढ़ते रहने से बच्चा ऊबने लगता है। किसी भी समय-सारणी में खाली समय और पढ़ने दोनों का ही प्रावधान होना चाहिए। खाली समय में घर में रहकर बाहर करने वाली गतिविधियों की छूट होनी चाहिए। पढ़ने और मौज मस्ती करने के बीच उचित संतुलन होना चाहिए।

पढ़ने के समय की अवधि कितनी होनी चाहिए? कई अभिभावक इस बात पर जोर देते हैं कि कुछ समय आराम करने के लिए छोड़कर बाकी समय पढ़ाई में लगाना चाहिए। पढ़ाई के स्तर के अनुरूप समय अवश्य अलग-अलग ढंग से बांटा जा सकता है, पर कार्य की योजना तय करते समय किसी न किसी आधार का पालन अवश्य करना चाहिए।

बहुत देर तक एक साथ न पढ़ें। अभिभावक खुश होकर यह बात कहते हैं कि उनका बच्चा लगातार तीन घंटों तक पढ़ता रहता है। पर यह ठीक नहीं है। कुछ समय पढ़ने के बाद बच्चे के दिमाग की ग्रहणशीलता खत्म होने लगती है। इसके बाद अगर बच्चा पढ़ता भी रहता है तो भी उस अध्ययन से पूरा लाभ नहीं मिलता है।

किसी भी विषय को ग्रहण करने की क्षमता चालीस से पैंतालिस मिनट तक रहती है। इसीलिए स्कूल और कॉलेज में सारी कक्षाएं इतनी देर तक ही चलती हैं। घर पर एक विषय को ज्यादा से ज्यादा एक घंटे तक ही पढ़ना चाहिए। फिर, दस मिनट का छोटा सा ब्रेक मददगार साबित होता है। हो सकता है बच्चा पानी पीना चाहे, चाय पीना चाहे या शौचालय जाना चाहे।

लेकिन इस ब्रेक का उपयोग खेलने या टी.वी. देखने में नहीं करना चाहिए। इससे ध्यान बंटता है और दुबारा पढ़ना मुश्किल हो जाता है। इन गतिविधियों के लिए अलग समय होना चाहिए। ब्रेक का मुख्य उद्देश्य है आंखों और मांसपेशियों को राहत पहुंचाना। एक ही मुद्रा में बैठना थका सकता है और शारीरिक तनाव उत्पन्न हो सकता है। थोड़े से चलने से मांसपेशियों को आराम मिलता है।

किसी दूसरे विषय को पढ़ने से भी बीच में राहत मिल जाती है। जैसे, अगर कोई इतिहास पढ़ रहा है तो गणित पढ़ना शुरू कर देना राहत पहुंचाता है। ऐसे ही अध्ययन की गतिविधि में बदलाव भी मददगार साबित होता है। अगर कोई लिख रहा है तो पढ़ना शुरू करने से ग्रहणशीलता बढ़ जाती है। ग्राफिक वर्क करने से भी राहत मिलती है।

जो काम हम कर रहे हैं, उन गतिविधियों को बदलते रहने से ग्रहणशीलता बढ़ाने में मदद मिलती है। पर कोई भी दो व्यक्तियों की स्थिति एक जैसी नहीं हो सकती है। इसलिए अपनी स्थिति के अनुसार हर व्यक्ति को निर्धारित करना चाहिए कि उसके लिए क्या उपयुक्त रहेगा। मन में निजी पसंद का खयाल रखते हुए अध्ययन की सही समयसारिणी बनाई जा सकती है। सबसे जरूरी है उस समयसारिणी का नियमित रूप से पालन करना। तभी हम अधिकतम लाभ प्राप्त कर सकते हैं।

SQ3R फॉर्मूला

प्रभावी अध्ययन के लिए कई शिक्षाशास्त्रियों ने **SQ3R** फॉर्मूला अपनाने की सलाह दी है। अगर साधारण रूप से इसकी व्याख्या की जाए तो यह फॉर्मूला इस तरह है—

1. **सर्वेक्षण (Survey):** जो आप पढ़ना चाहते हैं, उसके बारे में जानें।
2. **प्रश्न (Question):** मुझे सीखने की जरूरत क्यों है? मैं कैसे सीख सकता हूं? कब और कहां से मुझे सारी जानकारी मिल सकती है?
3. **पढ़ना (Read):** विषय के बारे में जितना पढ़ सकते हैं, पढ़ें। जितना अधिक पढ़ेंगे, उतना अच्छा होगा।

4. **जोर से पढ़ें (Recite):** इसका अर्थ है दोहराना, जिससे जानकारी कायम रहती है। इसका अर्थ नोट्स लेना भी है।

5. **दोहराएं (Revise):** समय-समय पर विषय को दोहराने से बेहतर परिणाम मिलते हैं।

विचारें

लंबे समय तक पढ़ने से रसायनों में कमी आ जाती है, जो दिमाग में सूचना प्रक्रिया को प्रभावित करता है। पढ़ने के प्रत्येक एक घंटे बाद दस मिनट का ब्रेक लेने के बावजूद, बिना रुके चार घंटे से ज्यादा नहीं पढ़ना चाहिए।

करने योग्य बातें

1. इस अध्याय में चर्चित किए गए परामर्शों को ध्यान में रखते हुए घर में अपने अध्ययन की समय-सारणी को जांचें।
2. आप अपने सीखने की ग्रहणशीलता को किस तरह आंकते हैं : उत्तम, अच्छा या बुरा? आप इन्हें सुधारने के लिए क्या योजना बना रहे हैं?

ध्यान देने योग्य बातें—

- ✦ घर में पढ़ने के लिए एक निश्चित समय-सारणी होना जरूरी है।
- ✦ पढ़ने और खाली समय बिताने दोनों के लिए समय-सारणी संतुलित होनी चाहिए।
- ✦ निजी क्षमताओं को सुधारने के लिए कुछ समय अवश्य देना चाहिए।
- ✦ लंबे समय तक न पढ़ें। इससे पढ़ने में व्यवधान उत्पन्न होता है।
- ✦ बेहतर ग्रहणशीलता के लिए विभिन्न तरह की गतिविधियां करें।
- ✦ पढ़ने में संतुलित रुचि बनाए रखने के लिए विभिन्न विषय पढ़ते रहें।
- ✦ हर व्यक्ति अपने आप में विशिष्ट है और पढ़ाई के प्रति अलग तरह से प्रतिक्रिया करता है।
- ✦ निजी पसंद के साथ पढ़ने की योजना का सामंजस्य बनाकर रखें।

मंत्र 4

अपनी योग्यता का विकास करें

किसी भी व्यक्ति की पहचान उसकी योग्यता से होती है। यह योग्यता उसके सीखने और कुशलता पर निर्भर करती हैं। और वे उसकी आदतों और दृष्टिकोण पर निर्भर करती हैं।

जिस व्यक्ति ने अपनी दिशा पहचान ली है और स्वयं को समझ लिया है, उसके लिए अगला कदम होगा सफलता की ओर ले जाने वाली योग्यता का विकास करना। हम जो भी हैं, जिन परिस्थितियों का सामना करते हैं, वह हमारे भीतर व्याप्त विशेषताओं का परिणाम है। अंततः एक व्यक्ति अच्छे और बुरे दोनों का प्रतीक बन जाता है। हर किसी में ताकत और कमजोरियां होती हैं।

योग्यताओं को विकसित करने के लिए व्यक्ति को अपनी शक्तियों को बढ़ावा देकर कमजोरियों से निजात पानी चाहिए। यह एक स्वाभाविक प्रक्रिया है। जब कोई इस प्रयत्न में जुट जाता है, तो अंततः सफलता मिलती ही है।

मंत्र 4: पहला चरण

संप्रेषण योग्यता

पहले हमने इस बात की चर्चा की थी कि व्यक्ति किसी विषय में किस तरह का प्रदर्शन करता है, यह जांचने के लिए परीक्षा ली जाती है। परीक्षा में पास होने के लिए केवल किसी विषय या योग्यता में दक्ष होना ही काफी नहीं है। जो हमने सीखा है, उसे ठीक ढंग से परीक्षक तक पहुंचाना भी महत्त्वपूर्ण है। इसके लिए विभिन्न संप्रेषण योग्यताओं की जरूरत होती है।

आइये! इन प्रश्नों के माध्यम से जानते हैं कि हमारी स्थिति क्या है?

1. क्या मैं सफाई से लिखता हूं?

   ☐ हां ☐ नहीं

2. मैं जिस भाषा में बात करता हूं, क्या उसका मुझे अच्छा ज्ञान है?

   ☐ हां ☐ नहीं

3. क्या मैं जो बात कहनी है यकीन से कह पाता हूं?

   ☐ हां ☐ नहीं

4. क्या जो मैं लिखना चाहता हूं उसे यकीन से लिख सकता हूं?

   ☐ हां ☐ नहीं

5. क्या मेरे पास आवश्यक ग्राफिक संबंधित योग्यताएं हैं?

   ☐ हां ☐ नहीं

अगर इनमें से किसी का भी उत्तर 'नहीं' में है, तो आपकी बात कहने की क्षमता ठीक नहीं है। सारे प्रश्नों के उत्तर 'हां' में आएं, इसके लिए आपको उचित कदम उठाने चाहिए।

विचारें

अच्छी तरह से अपने विचार प्रकट करने की योग्यता अन्य और कमियों को छिपा देती है।

स्पष्ट और साफ लिखना

बच्चों को जो सबसे पहली चीज सिखाई जाती है, वह है साफ और स्पष्ट रूप से लिखना। आरंभ में बच्चों को ऐसा करने के लिए बाध्य किया जाता है। समय के साथ-साथ जब कोई उन्हें इसके लिए टोकता नहीं है, तो वे घसीटकर लिखने लगते हैं। यह गलत है। अगर आप परीक्षा में अच्छे अंक लाना चाहते हैं, तो अच्छी लिखावट एक गुण है। अगर आप अपने विषय के बारे में अच्छे से जानते हैं और सारे प्रश्नों का उत्तर सही देते हैं, इसके बावजूद क्या आप कम अंक देने पर परीक्षक को दोषी ठहराएंगे, क्योंकि वह आपकी लिखावट समझ नहीं पाया? सफल न होने वालों के साथ यह एक आम समस्या है-उनकी हाथ की लिखावट उन्हें पीछे कर देती है।

किसी चीज की प्रस्तुति में सफाई बहुत जरूरी है। अगर हाथ की लिखावट साफ है पर प्रस्तुति साफ नहीं है, तो भी परीक्षक को कुछ अंक देने पड़ेंगे। तकनीकी विषयों में स्थिति उतनी खराब नहीं होती, उसमें तथ्य ज्यादा जरूरी होते हैं और उन्हीं के आधार पर अंक दिए जाते हैं। लेकिन भाषा व कला संबंधी विषयों में सफाई की बहुत महत्ता है।

हाथ की लिखावट व सफाई से लिखने में सुधार करने के लिए नोट्स बनाने का समय सबसे सही रहता है। उस समय सफाई से लिखें। उससे आपको साफ लिखने में मदद मिलेगी। इसके अलावा परीक्षा से पहले जब आपको तैयारी करनी होगी तो उन्हें पढ़ते हुए आपको आनंद महसूस होगा।

विचारें

लिखावट किसी भी अनाड़ी के लिए एक खुली कला है, क्योंकि उसे स्वयं इससे खुशी प्राप्त होती है और फिर दूसरों को वह खुशी बांटता है।

—लेविस ममफोर्ड

भाषा का ज्ञान

प्रभावी ढंग से अपनी बात कहने के लिए जरूरी है कि हम जिस भाषा में लिखते या बोलते हैं, उसका हमें अच्छा ज्ञान हो। हममें से अधिकांश लोग यह सोचते हैं कि हमें अपनी भाषा का अच्छा ज्ञान है। लेकिन अनुभव बताता है कि ऐसा हमेशा नहीं होता। बोलने और लिखने में बहुत फर्क होता है। बोलते समय शब्दों को

उच्चारने और बोलने का ढंग अर्थ को बदल देता है। उसी तरह, चेहरे के भाव और इशारे संवाद पर असर डालते हैं।

जब किसी कागज पर कुछ लिखा जाता है तो निश्चित सीमा में अर्थ की संभावित व्याख्या सीमित हो जाती है। लिखे गए शब्दों का मतलब होता है निश्चित सूचना देना। इसलिए भाषा का व्यावहारिक ज्ञान होना जरूरी है, जिसके बारे में हम बाद में चर्चा करेंगे।

दृढ़ता से बोलना

हर परीक्षा में यकीन के साथ बोलने की जरूरत नहीं होती है। हालांकि उच्च स्तर पर यकीन से बोलने की क्षमता एक गुण है। वैसे भी, आम जीवन में जिन लोगों के पास बोलने की बेहतर क्षमता होती है, वे ज्यादा सफल होते हैं।

जो विषय आप पढ़ रहे हैं, उसका ज्ञान होने के अतिरिक्त आपके पास पर्याप्त आत्मविश्वास होना भी जरूरी है। किसी एक व्यक्ति से बात करना मुश्किल नहीं है, पर समूह में बात करने के दौरान कई व्यक्ति अचकचा जाते हैं। स्कूल में होने वाली वाद-विवाद प्रतियोगिता बच्चों के अंदर से बड़े समुदाय के सामने बोलने के डर को निकालने में मदद करती हैं। बोलने की कला किसी को विरासत में नहीं मिलती है। इसे अभ्यास के द्वारा ही सीखा जाता है।

अगर आपको अपने कैरियर की जरूरत के लिए बोलने की क्षमता की जरूरत है, तो शुरू से ही इसका अभ्यास करना आरंभ कर दें। जो बच्चे बचपन में ही स्टेज पर जाने के भय को निकाल देते हैं, बड़े होकर उनमें बहुत आत्मविश्वास आ जाता है। अगर स्कूल के दिनों में आप इसे सीख नहीं पाए तो भी आप विश्वास के साथ बोलना सीख सकते हैं।

लिखित शब्दों द्वारा संप्रेषण

एक बार भाषा को जान लेने के बाद लिखित शब्दों द्वारा (जो वास्तव में बोलने से ज्यादा आसान है), विचार व्यक्त करना मुश्किल नहीं होता है। लिखते समय व्यक्ति पर कम दबाव होता है। सोचकर व्यक्ति वाक्य बना सकता है। यहां तक कि उन पर दुबारा विचार भी कर सकता है। आप शब्दों के साथ वह प्रयोग भी कर सकते हैं, जो बोलते समय नहीं किया जा सकता है।

किसी विशेष विषय से संबंधित प्रश्न का उत्तर देना जब लिखने का मकसद हो तो उस विषय का अच्छा ज्ञान होना बहुत जरूरी है। एक बार जब आपको अपने विषय का सही ज्ञान हो जाए तो उचित शब्द और शैली का प्रयोग करते हुए किस

तरह आप उसे व्यक्त करते हैं, यह भी उतना ही महत्त्वपूर्ण है। कभी भी प्रदर्शन करने की कोशिश न करें। आपके ज्ञान और योग्यता को जांचना ही परीक्षा का उद्देश्य होता है। परीक्षक आपके उत्तर द्वारा इसका निर्धारण करता है।

उत्तरों को विश्वसनीय और प्रभावी बनाने के लिए तीन 'सी' का ध्यान रखें स्पष्ट (Clear) संक्षिप्त (Concise) और विश्वसनीय (Convincing)। संक्षेप में, आपके उत्तर बिल्कुल स्पष्ट होने चाहिए। आपके विचारों की स्पष्टता से परीक्षक को फौरन पता चल जाना चाहिए कि आप जो लिख रहे हैं, उसके बारे में जानकारी रखते हैं। जब उत्तर संक्षिप्त होते हैं, तो वह समझ जाता है कि आप अपनी कमियों को छिपाने के लिए किसी आडंबर का सहारा नहीं ले रहे हैं। जब उत्तर स्पष्ट और संक्षिप्त हों तो उन्हें विश्वसनीय बनाना मुश्किल नहीं होता है। स्वत: ही फिर अच्छे अंक आ जाते हैं।

विचारें

कोई भी व्यक्ति संप्रेषण की क्षमता लेकर पैदा नहीं होता। वह उसे सीखता है।

ग्राफिक संबंधी क्षमता

कुछ युवाओं में ही यह क्षमता होती है। बहुत से विषयों के लिए इस योग्यता की बेशक जरूरत न पड़े पर वनस्पति विज्ञान, प्राणीविज्ञान, रसायन और भौतिकी में इसकी जरूरत पड़ती है, जहां लिखने के साथ चित्र भी बनाने पड़ते हैं।

प्रत्येक दिन ऐसे विषयों के सम्मिलित होने से जिनमें चित्र बनाने की जरूरत पड़ती है, ग्राफिक की क्षमता महत्त्वपूर्ण बनती जा रही है। कहा जाता है कि अच्छा चित्र हजारों शब्दों के बराबर है। लिखित अभ्यास के साथ बना चित्र समान उद्देश्य की पूर्ति करता है। परीक्षक को तुरंत पता चल जाता है कि आपको विषय का अच्छी तरह से ज्ञान है।

चित्र बनाने की क्षमता छात्र को अच्छे नोट्स बनाने में भी मदद करती है। जब लिखे हुए नोट्स के साथ चित्र भी बने होते हैं, तो परीक्षा में विषय को याद करना ज्यादा आसान हो जाता है। ऐसे विषय जिनमें चित्रों की जरूरत नहीं होती, उन्हें चित्र बनाकर ज्यादा बेहतर ढंग से समझाया जा सकता है। यहां तक कि प्रतिष्ठित पत्रिकाएं किसी महत्त्वपूर्ण घटना को बताने के लिए चित्रों का प्रयोग करती हैं।

केवल अभ्यास के द्वारा ही इसे सीखा जा सकता है। जब भी आपको लगे कि चित्रों द्वारा आप विषय को ज्यादा आसानी से समझ सकते हैं, उन्हें बनाएं।

विचारें

औसतन नौ प्रतिशत समय लिखने में जाता है, सोलह प्रतिशत पढ़ने में, तीस प्रतिशत बोलने में और पैंतालिस प्रतिशत सुनने में।

करने योग्य बातें

1. अगर आपकी लिखावट अच्छी नहीं है, तो उसे सुधारने का यही समय है। चार लाइन वाली कॉपी खरीदें और उस पर अभ्यास शुरू करें। आप क्या लिखेंगे? यह आम प्रश्न है, क्योंकि आप उसमें कक्षा में किए गए कार्य को नहीं कर सकते हैं। अच्छी लिखावट का अभ्यास करने के लिए वाक्य लिखें : द क्विक ब्राउन फॉक्स जंप्ड ओवर द लिटिल लेज़ी डॉग (The quick brown fox jumped over the little lazy dog.)। इस वाक्य में सारे अक्षर आ जाते हैं।
2. भाषा का ज्ञान बढ़ाने के लिए रोज अखबार पढ़ें।
3. बोलने की क्षमता सुधारने के लिए किसी किताब, अखबार या पत्रिका से चुटकुले पढ़ें। उन्हें परिवार के सदस्यों व मित्रों को सुनाएं। इससे अभ्यास होगा और बोलने में भी आत्मविश्वास उत्पन्न होगा।

ध्यान देने योग्य बातें—

- ✦ जो भी सीखा गया है, उसे व्यक्त करने के लिए संप्रेषण की योग्यता बहुत जरूरी है।
- ✦ अच्छी लिखावट किसी के व्यक्तित्व के बारे में बताती है।
- ✦ जब तक भाषा का पूरी तरह से ज्ञान न हो, संदेश विश्वसनीय ढंग से नहीं भेजा जा सकता है।
- ✦ दृढ़ता से बोलने की क्षमता आपके आत्मविश्वास का प्रतीक है।
- ✦ परीक्षा में लिखे गए शब्दों द्वारा बात कहना बहुत महत्त्व रखता है।
- ✦ चित्र बनाने की क्षमता संप्रेषण में सुधार करती है।

मंत्र 4: दूसरा चरण

भाषा की योग्यता

भाषा के द्वारा हर किसी को विचार व्यक्त करने की आवश्यकता पड़ती है। जो सुनने और बोलने में असमर्थ होता है, वह इशारों द्वारा अपनी बात कहता है। जो देख नहीं सकते, वे अभिव्यक्ति के लिए ब्रेल लिपि का प्रयोग करते हैं।

पूरे विश्व में अंग्रेजी सबसे प्रचलित भाषा है। यह बहुत ही सरल भाषा है। अगर आपको अंग्रेजी आती है तो आप विश्व में कहीं भी अपनी जगह बना सकते हैं। अर्थों की विभिन्न अभिव्यक्तियों के साथ इसमें दो करोड़ शब्द हैं। आपका भाषा ज्ञान कितना विस्तृत है? कुछ को केवल हजार शब्दों का ही ज्ञान होगा। अधिकांश लोग मात्र कुछ सौ शब्दों के ज्ञान से ही जीवन चला लेते हैं।

हर व्यक्ति के पास दो तरह का शब्द ज्ञान होता है: ग्रहणशील व सक्रिय। ग्रहणशील शब्द ज्ञान में ऐसे शब्द समाहित होते हैं, जिन्हें आपने सुनते या पढ़ते समय समझा होता है। सक्रिय शब्द ज्ञान में वे शब्द होते हैं, जिन्हें बोलते या लिखते समय आपने स्वयं को व्यक्त करने के लिए चुना होता है। इन दोनों में यही बड़ा अंतर है।

ग्रहणशील और सक्रिय शब्द ज्ञान के बीच अंतर को घटाना ही शब्द ज्ञान बढ़ाने व अभिव्यक्ति की शक्ति को मजबूत करने के लिए एक आदर्श संभावना हो सकती है। बोलने और लिखने में ज्यादा शब्दों का समावेश करें। शब्दों में रुचि दिखाएं। उससे अध्ययन रुचिकर हो जाता है। अपने साथ हमेशा शब्दकोश को रखें। जो शब्द समझ न आए उसे देखने में हिचकिचाएं नहीं। प्रतिदिन एक नए शब्द को सीखने की कोशिश करें। उनको कहीं लिख लें और समय-समय पर उन पर नजर डालें।

एक थिसॉरस या पर्यायवाची व अनेक शब्दों की एक पुस्तक खरीदें। आपको यह देखकर आश्चर्य होगा कि ऐसे अनगिनत शब्द हैं, जिनके समान अर्थ हैं। शब्द ज्ञान बढ़ाने के लिए बेहतरीन पुस्तकें उपलब्ध हैं। वे आपके सक्रिय शब्द ज्ञान बढ़ाने में उपयोगी सिद्ध होंगे।

अपना शब्द ज्ञान विकसित करना कठिन लग सकता है, पर वास्तव में ऐसा नहीं है। यह एक रुचिकर अध्ययन है, जो आपकी अभिव्यक्ति को सुदृढ़ करता है। छात्रों के लिए शब्दों के वही मायने हैं, जो सैनिकों के लिए अस्त्रों के। जितना वे आपके पास होंगे उतना मजबूत आप स्वयं को करेंगे। शब्द स्पष्ट संवाद के औजार हैं।

करने योग्य बातें

1. दस शब्दों का अर्थ लिखें। अगर संशय हो तो शब्दकोश में देखें।
2. भाषा संबंधी विभिन्न पुस्तकें व पत्रिकाएं खरीदें। इससे आपकी भाषा में सुधार होगा।

समानार्थी अनुनादी शब्द

अंग्रेजी भाषा में ऐसे अनगिनत शब्द हैं, जो एक ही तरह से बोले जाते हैं, पर उनके अर्थ अलग होते हैं। वे किसी वाक्य या संदेश का अर्थ अकसर बदल देते हैं। क्या आपने कभी उनके बीच अंतर करने की कोशिश की है? उनका सही प्रयोग इस बात का प्रतीक है कि लेखक जानता है कि वह क्या कहना चाह रहा है? एक अच्छे छात्र को प्रत्येक अर्थ से अवगत होना चाहिए।

करने योग्य बातें

1. समानार्थी दस शब्दों को लें। उनके अर्थ ढूंढ़ें।
2. ऐसे दस समानार्थी शब्दों को लिखें, जिनके बारे में आप जानते हों।

शब्दों का आनंद उठाएं

शब्दों का आनंद उठाना सीखें। नए शब्द सीखें। उनके अर्थों को समझें। इससे आपको समानार्थी शब्दों में अंतर करने में मदद मिलेगी और आपका सक्रिय शब्द ज्ञान बढ़ेगा।

यहां तक कि एक शब्द के भी अनगिनत अर्थ होते हैं। जैसे डियर (Dear) का अर्थ है प्रिय। इसका अर्थ महंगा व कीमती भी होता है। वैसे ही कैपिटल (Capital) का अर्थ है संपत्ति। हालांकि इस शब्द का उपयोग किसी राज्य या देश की राजधानी के रूप में भी किया जाता है। जितना आप अधिक शब्दों को पढ़ेंगे, उतना बेहतर आप उसके अर्थ को समझ पाएंगे।

भाषा का ज्ञान सुधारने के लिए शब्दों के परिष्कृत अर्थों को सीखने की कोशिश करें। इससे आपको सही स्थिति में सही शब्द चुनने में मदद मिलेगी और इससे आप प्रभावी सम्प्रेषण के और करीब आ जाएंगे।

विचारें

भाषा के ज्ञान को बढ़ाने के लिए शब्दकोश बहुत जरूरी है।

वर्तनी

समानार्थी अनुनादी शब्दों के साथ जो महत्त्वपूर्ण पहलू जुड़ा है वह है सही वर्तनी का प्रयोग। शब्द में मात्र एक अक्षर के बदलने से अर्थ बदल जाता है। अगर शब्द समान रूप से अनुनादी न भी हो तो भी सही वर्तनी जरूरी है। प्रयोग के द्वारा ही शब्दों को सीखा जाता है। सही वर्तनी भी प्रयोग करने से ही आती है। जब भी संशय हो, शब्दकोश का प्रयोग करें।

विरामचिह्न

अधिकांश लोग समझते हैं कि विरामचिह्न जरूरी नहीं होते और उनके लिए वे एक रहस्य हैं, जिन्हें आसानी से नजरअंदाज किया जा सकता है। लेकिन विरामचिह्न लिखे हुए शब्दों के अर्थ को स्पष्ट करते हैं। छात्र विरामचिह्नों से मिलने वाले अंकों से तो अवगत होते हैं पर नहीं जानते कि उनका सही प्रयोग क्या है। तीस विरामचिह्न हैं, पर कुछ का ही प्रयोग किया जाता है। बहुत ज्यादा विरामचिह्न उतने ही बुरे हैं, जितना कि किसी विरामचिह्न का न होना। विरामचिह्न प्रयोग करने का सबसे सही तरीका है, अपने सामान्य ज्ञान का प्रयोग करना।

सही ढंग से प्रयोग किए गए विरामचिह्न आपकी लेखनी में स्पष्टता जोड़ते हैं। वे शब्दों और विचारों को अलग करने, विचारों को जोड़ने और ऐसे शब्द जिन पर खास जोर देने की जरूरत होती है, उन्हें अलग करने में मदद करते हैं। अगर उनका सही ढंग से प्रयोग करना आता हो, उनको समझना मुश्किल नहीं है। विरामचिह्न वाक्यों की स्पष्टता और महत्ता को सुधारते हैं। इन पर नजर डालते हैं।

पूर्ण विराम या फुल स्टॉप का प्रयोग वाक्य को खत्म करने के लिए होता है। शब्द के लघु रूप के साथ होता है।

अल्पविराम (,) : यह सबसे गलत ढंग से प्रयोग किया जाने वाला विरामचिह्न है। यह वाक्य पढ़ते हुए थोड़ा रुकने के लिए होता है तथा संरचना के अनुसार

वाक्य को विभाजित करता है। जैसे बड़ी कक्षाओं के लड़के, फुटबॉल खेलने के लिए तैयार हैं, उन्होंने फुटबॉल के जूते और ड्रेस पहनी हुई है।

अल्पविराम का प्रयोग अलग ढंग से भी होता है, जैसे कोई तारीख लिखते हुए- अक्तूबर 27, 2005 या किसी संबोधन के बाद प्रिय राज, आदि। अल्पविराम का प्रयोग वहीं करें, जहां आपको लगे कि वह अर्थ को ज्यादा स्पष्ट कर सकता है। उचित प्रयोग समझें और केवल वाक्यों को सजाने के लिए इसका उपयोग न करें। जब भी संशय हो, इनका प्रयोग न करें।

सेमी कोलन (;) : (अर्ध विराम) विचारों में कौमा (अल्प विराम) की अपेक्षा ज्यादा बड़ा विराम देता है, लेकिन फुल स्टॉप से कम। यह तब प्रयुक्त किया जाता है, जब वाक्य का दूसरा हिस्सा पहले हिस्से पर आधारित होता है और दोनों हिस्से शब्द फॉर (के लिए) से जुड़े होते हैं। ऐसे में के लिए शब्द को हटाकर सेमी कोलन का उपयोग किया जा सकता है। जैसे, आप इस नौकरी के लिए सही उम्मीदवार नहीं हैं; एल.एल.बी. की डिग्री आवश्यक है।

कोलन (:) : कोलन, (अपूर्ण विराम), सेमी कोलन की अपेक्षा लंबे विराम को इंगित करता है। यह वाक्य को दो या उससे अधिक हिस्सों में विभाजित करता है और प्रत्येक अपने आप में पूर्ण होता है। यह वक्तव्य में भी आता है।

मुझे तुम्हारे इस तरह के व्यवहार को देखकर हैरानी नहीं हुईः मैं उम्मीद ही कर रहा था।

विस्मयबोधक चिह्न (!) : इसका प्रयोग मनोभाव, व्यंग्य, संशय, आश्चर्य आदि को व्यक्त करने के लिए किया जाता है। कई लोग इसका प्रयोग बहुत अधिक करते हैं। बहुत कंजूसी से इसका प्रयोग करें। जब विस्मयबोधक चिह्न का प्रयोग वाक्य में कर रहे हों तो कौमे का प्रयोग न करें। जैसे, अरे! यह बहती हवा तो मौन है।

प्रश्न चिह्न (?) : इसका प्रयोग ऐसे वाक्य के अंत में होता है, जिसमें प्रश्न पूछा जाता है। इसका प्रयोग संशय व्यक्त करने के लिए कोष्ठकों में किया जा सकता है। जैसे, कल्हण कौन था? उसने कौन-सा ग्रंथ लिखा था?

योजक चिह्न (-) : इसका प्रयोग दो संयुक्ताक्षरों को जोड़ने के लिए किया जाता है या 'सेल्फ' शब्द के साथ भी होता है। जैसे इधर-उधर।

निदेशक चिह्न (—) : इसका प्रयोग नाटकीय रूप से विराम लगाने के लिए होता है। इसका प्रयोग कुछ शब्दों का प्रयोग न करने के लिए भी होता है जैसे वह वहां जाते-जाते रूक गया—या वह—वहां उपस्थित थे।

पैरेंथेसिस ( ) : इनका उपयोग तब किया जाता है, जब शब्द वाक्य का हिस्सा नहीं होते हैं तथा अलग से एक प्रभाव देने के लिए इनको प्रयुक्त किया जाता है। जैसे आपका विक्रेता (क्या वह बुद्धिमान है)।

कोटेशन मार्क्स (" ") : जब ऐसे शब्दों को शामिल किया जाता है, जो लेखक के नहीं होते हैं, उनका प्रयोग सूक्ति परम चिह्न द्वारा किया जाता है। जैसे सुभाषचंद्र बोस ने कहा, "तुम मुझे खून दो, मैं तुम्हें आज़ादी दूंगा"।

कुछ मामलों में जब शब्द उद्धरण चिह्न के साथ होते हैं तो उनमें संशय, किसी शब्द के अर्थ का बदलना भी निहित होता है।

एक उद्धरण चिह्न का प्रयोग उद्धरण के अंदर उद्धरण देने के लिए किया जाता है।

एपोसट्रॉफी (') : इसका प्रयोग संबंधकारक और किसी शब्द को हटाने में किया जाता है। जैसे- It's time to go.

डिट्टो मार्क्स (,,) : इसका अर्थ दोहराना होता है। अर्थात् ऊपर की लाइन को नीचे भी ले लेना। उदाहरण—

काशी हिन्दू विश्वविद्यालय
पूर्वांचल ,,

विचारें

अपने भाषा ज्ञान को सुधारने का बेहतर तरीका है, जितना संभव हो उतना भाषा का प्रयोग करें।

लेखन में निपुणता

कई लोग इस भय से लिखने से कतराते हैं कि वे ठीक से नहीं लिख पाएंगे। काल्पनिक भय के द्वारा लोग स्वयं अपने विकास को सीमित कर लेते हैं। सच तो यह है कि अगर कोई लिखने की सरल तकनीक को सीखने का इच्छुक हो, तो वह अच्छे से लिख सकता है। आप कोई अलग नहीं हैं। अपनी निजी क्षमताओं और आत्मविश्वास पर यकीन रखें, वही आपका विकास करेंगे।

लिखते हुए रिलैक्स रहें। एक कागज लें। तनावमुक्त कल्पना करें कि जिस व्यक्ति से आप अपनी बात कहना चाहते हैं, वह आपके सामने बैठा है, पर वह सुन नहीं सकता। इसलिए आपको अपनी बात लिखकर कहनी होगी। संदेश क्या

है? आप हर बात को यह सोचकर लिखते रहें, मानो वह आपके सामने है और आप उससे बात कर रहे हैं। क्या आपकी सारी बातें सही हैं? अब हर किसी के सामने 1, 2, 3 से क्रम दें। जब आप किसी को यह देना चाहेंगे तो जाहिर है कि उस बात को सबसे पहले रखेंगे जो महत्त्वपूर्ण है। प्राथमिकता तय हो जाने के बाद आप अंतिम रूपरेखा तैयार कर सकते हैं।

बोलते हुए दूसरे व्यक्ति का ध्यान विभिन्न तरह से अपनी ओर आकर्षित किया जा सकता है। लेकिन जब लिखकर ध्यान आकर्षित करना हो तो केवल भूमिका को आकर्षक ढंग से लिखकर ही ऐसा किया जा सकता है। वह दूसरे व्यक्ति की रुचि जाग्रत करे और उसे आगे बढ़ने के लिए उकसाए। उसे यह भी पता चल जाए कि उससे क्या कहा जा रहा है।

हर विचार या बिंदु को एक अनुच्छेद में विभक्त करें। आम बिंदुओं को एक साथ अनुच्छेद में डाला जा सकता है। छोटे अनुच्छेद लिखें। उससे पढ़ने में सुविधा होती है। छोटे वाक्यों के साथ सरल शब्दों का प्रयोग करें। इससे बात समझने में आसानी रहती है। जब लिखें तो स्वयं से पूछें : क्या मेरा संदेश स्पष्ट है? क्या वह संक्षिप्त है? क्या वह विश्वसनीय है? जब आपका उत्तर हां में होता है तो आपने अच्छा कार्य किया है।

हालांकि, यह उस विषय से संबंधित आखिरी पड़ाव नहीं है। हमें इस बात को नहीं भूलना चाहिए कि उसी चीज को करने का हमेशा और भी बेहतर ढंग होता है। अगर ऐसा न हो तो सारी प्रगति रुक जाएगी। इसलिए जो आपने लिखा है उसमें सुधार करने की आदत बना लें। फिर अपने आप से पूछें : क्या मैं और बेहतर कर सकता हूं? अगर हां, तो करें ताकि आपके काम पर बेहतरी का ठप्पा लग जाए।

विचारें

भाषा ज्ञान को सुधारने के लिए शब्दों के अर्थ को समझें।

यह सब सुनने में आसान लगता है, पर लिखना अपने आप में एक तकनीक है, जिसे केवल अभ्यास के द्वारा ही सीखा जा सकता है। इसमें भाषा का ज्ञान, अच्छी संप्रेषण क्षमता और दूसरे प्रयोग किए गए शब्दों और भावों की व्याख्या कैसे करते हैं, इस बात को समझने की योग्यता निहित है। जितना ज्यादा आप लिखेंगे, उतनी जल्दी आप इस तकनीक से परिचित हो जाएंगे। दूसरों के कार्यों का अवलोकन

करें। हमेशा बेहतर की तलाश करें। अपनी शैली के अनुसार स्टाइल को अपनाएं। बहुत जल्दी ही आपके पास अपनी एक लिखने की शैली होगी।

ध्यान देने योग्य बातें—

- प्रभावी ढंग से अपनी बात कहने के लिए भाषा का ज्ञान होना जरूरी है।
- प्रत्येक भाषा में शब्द होते हैं।
- जितना ज्यादा हो सके उतने शब्दों का प्रयोग करें।
- विरामचिह्न वाक्य को बेहतर ढंग से समझने में मदद करते हैं।
- अभ्यास के द्वारा लिखने की तकनीक को बेहतर ढंग से समझा जा सकता है।
- लिखाई साफ होनी चाहिए। छोटे वाक्य और अनुच्छेद लिखें।
- संदेश स्पष्ट, संक्षिप्त और विश्वसनीय होना चाहिए।
- अभ्यास से अपनी शैली विकसित करें।

मंत्र 4: तीसरा चरण

पढ़ने की योग्यता

ज्ञानी बनने की दिशा में पढ़ना पहला कदम है। सूचना को समझने व उसकी व्याख्या करने का लक्ष्य होने के कारण पढ़ना अध्ययन के लिए प्रेरित करता है। किसी विषय या स्थिति का विस्तृत रूप से अध्ययन करना ही इसका लक्ष्य होता है। इससे व्यक्ति शिक्षित और ज्ञानी बन जाता है। दुर्भाग्यवश, बहुत से लोगों को पढ़ने की आदत नहीं होती है। व्यक्ति की परिस्थितियों के अनुसार उन पर इसे थोपा जाता है।

आपकी पढ़ने की योग्यता कैसी हैं? एक विकल्प पर निशान लगाकर इन वाक्यों का उत्तर दीजिए।

1. मुझे पढ़ना पसंद है।

   ☐ हां ☐ नहीं

2. मैं हमेशा दिमाग में एक उद्देश्य रख पढ़ता हूं।

   ☐ हां ☐ नहीं

3. आसानी से समझने के लिए मैं यह जानने की कोशिश करता हूं कि किताब की रचना कैसे की गई है?

   ☐ हां ☐ नहीं

4. पढ़ने की सामग्री के अनुसार मैं हमेशा पढ़ना पसंद करता हूं।

   ☐ हां ☐ नहीं

5. मैं इसलिए पढ़ता हूं ताकि कम समय में मैं ज्यादा सीख सकूं।

   ☐ हां ☐ नहीं

अगर सबका उत्तर 'हां' में नहीं है, तो आपको अपनी पढ़ने की आदतों पर ध्यान देने की जरूरत है। प्रभावी ढंग से की गई पढ़ाई हर छात्र के कार्य को सुधार सकती है।

पढ़ने की आदत

कई लोगों की आदत इतनी खराब होती हैं कि वे अखबार तक नहीं पढ़ते हैं। ज्यादा से ज्यादा वह मुख्य खबरों पर या दिलचस्प चित्रों पर नजर डालकर अखबार को एक तरफ रख देते हैं। युवा खेल का पन्ना देखते हैं। व्यापारी विज्ञापनों को देखते हैं। पूरा परिवार रविवार का अखबार देखता है, जिसमें हर किसी के लिए कुछ न कुछ होता है। हममें से कितने लोग पत्रिकाएं लेते हैं? शायद कुछ ही। अनेक लोग दूसरों से मांगकर पढ़ना पसंद करते हैं। कई यात्रा के दौरान पढ़ते हैं, जब उनके पास समय व्यतीत करने के लिए और कोई साधन नहीं होता है। बहुत कम लोग ही नियमित रूप से पढ़ते हैं। कितने घरों में किताबें होती हैं? कई लोग मानते हैं कि जब से उन्होंने कॉलेज छोड़ा है, एक भी किताब नहीं खरीदी। किताबों का उद्योग बड़े पैमाने पर केवल स्कूल और कॉलेज की किताबों पर ही टिका हुआ है। पढ़ने वालों की संख्या बहुत कम है। पढ़ने में रुचि न होने की यह कमी युवाओं में साफ परिलक्षित होती है जो केवल स्कूल और कॉलेज की किताबें ही पढ़ते हैं।

नए ज्ञान और उसके प्रयोग पर ही सारी प्रगति निर्भर करती है। किताबों से बढ़कर ज्ञान प्राप्त करने का और कोई बेहतर तरीका हो ही नहीं सकता है। इसलिए अगर आप जीवन में पीछे नहीं छूटना चाहते हैं तो सिर्फ पढ़ें। ज्ञान की कोई सीमा नहीं है। जितना आपके पास होगा उससे अधिक पाना चाहेंगे। जो पढ़ते हैं उसका आनंद उठाएं। फिर आपको और ज्यादा की चाहत होगी।

उद्देश्य के साथ पढ़ना

हम सब लोग ऐसे लोगों से मिल चुके हैं जो कहते हैं कि उन्हें पढ़ना अच्छा लगता है। क्या पढ़ना? गंदी पत्रिकाएं। अगर वे अखबार पढ़ते हैं तो वे आपको चोरी, डाका या बलात्कार की खबरों के बारे में बताएंगे। जब वे पत्रिकाएं पढ़ते हैं तो वे अफवाहों, फिल्मी गपशप या राजनैतिक हस्तियों के बारे में फैली झूठी खबरों को पढ़ना पसंद करते हैं। यहां तक कि वे जो किताबें पढ़ते हैं, उनमें भी हत्या और घोटालों का ही जिक्र होता है। इन प्रकाशनों की बिक्री बताती है कि इन्हें किस तरह चटकारे लेकर पढ़ा जाता है।

लेकिन जिन युवाओं का कोई लक्ष्य है, वे इन बकवास पत्रिकाओं को नहीं पढ़ सकते हैं। अपनी दिशा तक पहुंचने के लिए जब सीमित समय हो तो उद्देश्यपूर्ण चीजें ही पढ़नी चाहिए। पढ़ने की सही सामग्री का चयन करना महत्त्व रखता है। किसी किताब के कवर से आप उसकी जांच नहीं कर सकते हैं। पीछे के कवर

पर लिखे सारांश को पढ़ें। सूची देखें। अगर आपको लगता है कि उससे कोई लाभ हो सकता है, तभी किताब खरीदें।

किताब की संरचना

जब किताब पढ़ने का लक्ष्य सीखकर ज्ञानी बनने का हो तो जाहिर है अगला कदम होगा कि कैसे उस पुस्तक से ज्यादा से ज्यादा लाभ उठा सकें। एक ही विषय पर हजारों किताबें होती हैं। सभी बिकती हैं। पर पढ़ने वाले उसी किताब को लेते हैं, जो आसानी से समझ आ जाए।

पुस्तक से अधिकतम लाभ उठाने के लिए देखें कि उसकी संरचना किस तरह हुई है। हर लेखक की अपनी शैली होती है। जब वह किसी निश्चित ज्ञान को बांटना चाहता है तो वह कुछ प्राथमिकताओं और तर्क का पालन करता है, ताकि पढ़ने वाला उसे समझ सके। कई किताबों में चित्र होते हैं। उससे समझने में आसानी हो जाती है।

जब छात्र को यह समझ आ जाता है कि किस तरह से किताब को लिखा गया है तो उसे नोट्स बनाने में आसानी होती है। जिनकी परीक्षाएं होने वाली होती हैं, उनके लिए ये नोट्स बहुत कारगर सिद्ध होते हैं। इसलिए, पढ़ने से पहले किताब की रचना का अवलोकन करें। इससे पढ़ना आसान हो जाएगा।

पढ़ने की सामग्री को अपनाना

सभी पढ़ने की सामग्री को समान ध्यान व समय देने की जरूरत नहीं होती है। क्या कोई व्यक्ति शब्द दर शब्द अखबार पढ़ सकता है? अगर आप ऐसा करने की कोशिश भी करेंगे तो एक दिन में उसे पूरा नहीं पढ़ पाएंगे। वैसे ही क्या आप पूरी पत्रिका पढ़ सकते हैं? क्या आपके पास इतना समय है? यह संभव ही नहीं क्योंकि हमारे पास सीमित समय होता है। हम जितना पढ़ना चाहते हैं, बस उतना ही पढ़ते हैं।

क्या आप अखबार या पत्रिका की तरह पाठ्यपुस्तक को पढ़ सकते हैं? आप पढ़ सकते हैं पर उसका कोई फायदा नहीं होगा। किसी किताब को अलग-अलग जरूरतों को पूरा करने के लिए पढ़ा जाता है। इससे यह पता लगता है कि पढ़ने वाला विभिन्न तरह की पढ़ने की सामग्री को अपनाता है।

जिन छात्रों का परीक्षा में अव्वल आने का लक्ष्य होता है वे पाठ्यपुस्तकों को गंभीरता से पढ़ते हैं। अतिरिक्त जानकारी के लिए वैसी ही और पुस्तकें पढ़ी जा सकती हैं। अधिक सूचना के लिए पत्रिकाएं पढ़ी जा सकती हैं। विश्व में होने वाली प्रगति के बारे में अवगत होने के लिए अखबार पढ़ा जा सकता है।

प्रभावी रूप से पढ़ना

उपयोगी बनाने के लिए विषय का गहनता से अध्ययन करें। अच्छी तरह से सीखने के लिए आपको किताबों को भी अच्छी तरह से पढ़ना पड़ेगा। लेकिन गहनता से किताब को पढ़ने के लिए हर शब्द को पढ़ना जरूरी नहीं है। सिर्फ पढ़ना काफी है, ताकि विषय अच्छी तरह से समझ आ जाए।

पढ़ने की क्षमता हमारी पढ़ने की गति से पता चलती है। हम लोग सोचते हैं कि हम प्रभावी ढंग से पढ़ रहे हैं, पर ऐसा नहीं होता। अनुसंधानों से यही पता चलता है कि हम अपने पढ़ने की गति सिर्फ पचास प्रतिशत ही सुधार सकते हैं। इतनी गति में पढ़ना पर्याप्त नहीं है। विषय को समझने की गति भी उतनी ही तीव्र होनी चाहिए। जरा सोचें कि अपने पढ़ने की क्षमता को बढ़ाकर आप अपने अतिरिक्त ज्ञान को और कितना बढ़ा सकते हैं। जैसे-जैसे आपकी पढ़ने की गति बढ़ेगी, वैसे-वैसे समझने की भी गति बढ़ेगी।

बाजार में गति से पढ़ने के बारे में अनगिनत पुस्तकें उपलब्ध हैं। आप अपने पढ़ने की गति सुधारने के लिए जो प्रयास करेंगे, उसका आपको फायदा मिलेगा। तेजी से पढ़ना सीखने से समझने की गति भी बढ़ जाएगी। जो आप कर रहे हैं उससे कहीं अधिक कर पाएंगे। परीक्षा में अव्वल आने के लिए गति बढ़ाने की तकनीक सीखना बहुत ही सकारात्मक कदम है।

पढ़ने की क्षमता को बढ़ाना

पढ़ने की क्षमता को बढ़ाने के लिए कुछ सुझाव इस प्रकार हैं—

- जितना संभव हो, उतनी किताब व पत्रिकाएं पढ़ें।
- अपनी पढ़ने की और अपनाने की गति के प्रति अवगत रहें।
- एक समय में काफी किताबें पढ़ें।
- मुख्य शब्दों, विचारों और मुहावरों को देखें।
- शब्दों को पढ़ने के बजाय शब्दों के समूह को पढ़ें।
- जोर से पढ़ने के बजाय मन में पढ़ें। होंठों की गति पढ़ने की गति को कम कर देती है।
- लेखक ने जो लिखा है उसे अपनाएं। अपने विचारों के साथ उसे न उलझाएं।
- विषय को जितनी महत्ता देने की जरूरत है दें।

सुझाव

गति से पढ़ना सीखने के लिए अपनी अंगुलियों का प्रयोग करें। छपे हुए अक्षर पर अंगुली रखें और हर अक्षर को पढ़ते हुए उसे आगे बढ़ाते जाएं। धीरे-धीरे अपनी अंगुली की गति बढ़ाएं। आपकी पढ़ने की गति बढ़ जाएगी।

करने योग्य बातें—

1. अपने पढ़ने की तालिका में पढ़ने की क्षमता को सुधारने के लक्ष्य को शामिल करें। गति बढ़ाने पर अच्छी किताब खरीदें। पढ़ने की क्षमता बढ़ाने के लिए उसे पढ़ें।
2. पढ़ते समय हमेशा अपने पढ़ने की गति और उसे अपनाने के बारे में सजग रहें।

ध्यान देने योग्य बातें—

- ज्ञानी बनने के लिए पढ़ना पहला कदम है।
- जिन्हें पढ़ने का शौक होता है, वे अच्छे श्रोता भी होते हैं।
- एक उद्देश्य के साथ पढ़ें। ज्ञान प्राप्त करने और मनोरंजन के लिए पढ़ने के बीच में अंतर करें।
- विषय को जल्दी से सीखने के लिए देखें कि किताब की संरचना कैसे हुई है। अपने पढ़ने की शैली के साथ एक का चयन करें।
- सारे पढ़ने की सामग्री के लिए पूरा समय न लगाएं। जरूरत के हिसाब से पढ़ें।
- हर किसी को पढ़ने की क्षमता बढ़ाने की जरूरत होती है।
- पढ़ने की क्षमता बढ़ाने के लिए जितना संभव हो उतने तरीकों का प्रयोग करें।

मंत्र 4: चौथा चरण

सुनने की योग्यता

क्या आप अच्छे श्रोता हैं? हममें से अधिकतर लोग अच्छे श्रोता नहीं होते हैं। इस पर बेशक यकीन न करना चाहें, पर सच यही है। एक विकल्प पर निशान लगाकर इन प्रश्नों का उत्तर दें।

1. मैं हमेशा कक्षा में ध्यान लगाकर बैठता हूं।

   ☐ हां ☐ नहीं

2. किसी ने आजतक इस बात की शिकायत नहीं की, कि मुझे पूरी बात समझ नहीं आती।

   ☐ हां ☐ नहीं

3. अगर मुझे बात समझ नहीं आती, तो मैं हमेशा इस बात की तसल्ली करता हूं कि मैंने उसे ठीक से समझा है या नहीं।

   ☐ हां ☐ नहीं

4. जब कोई मुझसे बात कर रहा होता है, तो मेरा दिमाग इधर-उधर नहीं दौड़ता।

   ☐ हां ☐ नहीं

5. जब कोई मुझसे बात कर रहा होता है, तो मैं कभी बीच में उसे नहीं टोकता।

   ☐ हां ☐ नहीं

अगर इनमें से किसी का भी उत्तर 'नहीं' में है, तो आपको अपने सुनने की क्षमता को सुधारना होगा।

एकाग्रता

जब अध्यापक बोल रहे हों, उस समय ध्यान न देने का अर्थ है कि आप सुन नहीं रहे हैं। आप शारीरिक रूप से कक्षा में उपस्थित हैं, कोई कुछ बोल रहा है, पर बात आपके कानों तक नहीं पहुंच रही है। खराब ढंग से सुनने का अर्थ है, खराब ढंग से सीखना और इसका मतलब है कि हमसे जो भी कहा जाता है, उसे हम समझ नहीं पाते हैं। हम अच्छा नहीं कर पाते, तो क्या यह आश्चर्य की बात है?

रोजमर्रा की जिंदगी में भी लोग बात को ध्यान से नहीं सुनते हैं। लोग बेशक न मानें पर समस्या बहुत आम है। लोग सुनते हैं पर ध्यान न लगाने की वजह से जो सुना है, उसे समझ नहीं पाते हैं। घर, ऑफिस या कहीं भी, ध्यान की कमी होने का अर्थ है ठीक ढंग से बात न सुन पाना। हर वह व्यक्ति जिसके पास पूरा करने के लिए कोई लक्ष्य है, उसे इस बात की महत्ता को समझना चाहिए। ध्यान की कमी को खराब ढंग से सीखने का कारण न बनने दें।

पूरे संदेश को समझना

कुछ ही लोग इस बात से सहमत होंगे कि वे पूरा संदेश नहीं समझ पाते हैं। ईमानदारी से जानने के लिए अपनी मां या पिता से पूछें। आप अपने मित्रों से भी पूछ सकते हैं। वे आपको बताएंगे कि आपका ध्यान नहीं लगता है। यह कक्षा में ध्यान न देने जैसा ही है। सुनना एक ऐसी क्षमता है, जिसके लिए जो कहा गया है, उस पर ध्यान लगाना जरूरी है।

हमारे लिए संदेश कितना महत्त्व रखता है, इस पर भी उसे याद रखने की बात निर्भर करती है। हमें यह तसल्ली कर लेनी चाहिए कि कोई भी चीज हमसे छूटे नहीं। लेकिन यह इस बात से जुड़ा होता है कि दूसरा हमसे कुछ चाहता है, तो हम ध्यान नहीं लगा पाते और जो संदेश सुनते हैं, वह अधूरा होता है। किसी भाषण के बाद अगर आपको नोट्स लेने हों तो आप पाएंगे कि आपके पास पूरा संदेश नहीं है।

संदेश की पुष्टि करना

जो भी कहा गया है उसकी पुष्टि करना जिम्मेदार व्यक्ति की निशानी है। स्कूल में ही संदेश की पुष्टि करने की आदत डाल लेनी चाहिए। अगर ऐसा नहीं कर पाए हैं तो अभी भी ऐसा कर सकते हैं। जिम्मेदार व्यक्ति किसी भी चीज को नजरअंदाज नहीं करता है। यह तभी संभव है जब व्यक्ति समझे कि संदेश देते समय उससे क्या उम्मीद की गई है। इसलिए जरूरी है कि व्यक्ति ने जो सूचना दी है, उसकी पुष्टि अवश्य करें। पढ़ते समय अन्य किताबों का अध्ययन कर सूचना की पुष्टि कर सकते हैं।

अस्थिर दिमाग

ठीक से ध्यान न दे पाने के पीछे एक कारण अस्थिर दिमाग का भी होना है। जब कोई व्यक्ति हमसे बात करता है, तो आम प्रतिक्रिया यह होती है कि हम सोचने

लगते हैं कि इस सूचना का हमारे लिए क्या महत्त्व है और इसका सही उत्तर क्या होना चाहिए, पर दिमाग दो चीजें एक साथ नहीं कर सकता है : सुनना और मिली हुई सूचना का जवाब देना। कक्षा में हम तब तक नहीं बोलते हैं, जब तक कि पूछा नहीं जाता है। हम बोलने से हिचकिचाते हैं, इसके साथ ही हमारा दिमाग सुनना भी बंद कर देता है और उससे संबंधित चीजों के बारे में सोचने लगता है। परिणामत: ठीक से सुन नहीं पाते हैं।

वक्ता को टोकना

सामान्यतया लोग अध्यापक या किसी खास वक्ता को टोका नहीं करते हैं, पर जब कोई बात कही जा रही होती है तो जरूर टोकते हैं। वह इस टोकने को यह कहकर सही बताते हैं कि जो कहा जा रहा है, उसकी पुष्टि करना जरूरी है। यह गलत है। बीच में बोलने से विचारों और बात के प्रवाह में व्यवधान पड़ता है, संवाद की प्रक्रिया इससे प्रभावित होती है।

अगर किसी को किसी तथ्य की पुष्टि करनी है, तो बात खत्म हो जाने का इंतजार करें। अपने आप से पूछें कि जब आप बोल रहे हों और उस समय कोई बीच में बोले तो आपको कैसा लगेगा। चूंकि व्यवधान सीखने की प्रक्रिया को बाधित करता है, यह बात समझनी चाहिए कि निजी लाभ के लिए इस तथ्य का प्रयोग कैसे किया जाए?

अच्छा श्रोता कौन है?

समस्या को ठीक ढंग से समझने के लिए सुनने की प्रक्रिया को छोटे-छोटे खण्डों में विभाजित किया जा सकता है:

- समझने का अर्थ है, संदेश को सुनना।
- व्याख्या करने का अर्थ है, जो सुना है उसे समझना।
- मूल्यांकन करने का अर्थ है कि जो कहा गया है, उसके बारे में एक विचार बनाना।
- याद रखने का अर्थ है, भविष्य में प्रयोग करने के लिए संदेश को संचित करना।
- जवाब देने का अर्थ है, जो कहा गया है उसे मानना।

अच्छे श्रोता बनने की राह में क्या बाधक है?

अनेक बातें इसका कारण हैं :

- **शोर :** सुनने को प्रभावित करता है।
- **बोरियत :** जो कहा गया है, उसे आकर्षणहीन बनाती है।
- **मानसिक अवरोध :** नए विचारों को अपनाने में बाधित करता है।
- **अधीरता :** बाधाओं को बढ़ाती है।
- **थकान :** सुनने वाले की एकाग्रता को खत्म करती है।

विचारें

दूसरे की बात को सुनना और समझना बुद्धिमत्ता का परिचायक होता है।

अच्छा श्रोता कैसे बनें?

प्रभावी रूप से सुनना एक अर्जित की गई क्षमता है और इसके लिए जो कहा जा रहा है, उस पर ध्यान देने की जरूरत है। जब तक दूसरा व्यक्ति अपनी पूरी बात न कह दे, तब तक बीच में न टोका जाए, यह सीखने की भी जरूरत है। अच्छा श्रोता बनने के लिए कुछ टिप्स इस प्रकार हैं:

- वक्ता की आंखों में देखें। जब आप वक्ता की ओर देखेंगे तो बिना कहे इस बात की पुष्टि हो जाएगी कि आप उसकी बात सुन रहे हैं।
- पीठ सीधी करके बैठें। इससे एकाग्रता बढ़ती है।
- समझें कि जो जानकारी दी जा रही है, वह आपके लिए कितनी जरूरी है।
- अगर बाहरी विचार आपके दिमाग पर हावी होते हैं, तो स्वयं को याद दिलाते रहें कि जो कहा गया है, वह आपके लिए महत्त्वपूर्ण है।
- अगर आपस में दो लोग (ही) बात कर रहे हों, तो यह निश्चित कर लें कि अंत में आपके ही शब्दों से बात खत्म हो।
- जब समूह में जानकारी दी जा रही हो तो आपके सिर हिलाने से यह तय हो जाता है कि आप बात सुन रहे हैं। जरूरी हो तो सभा खत्म हो जाने के बाद सूचना की पुष्टि कर लें।
- अगर सूचना महत्त्वपूर्ण हो तो सभा के खत्म होने के तुरंत बाद नोट्स बना लें। इससे जानकारी को आपकी याद का एक हिस्सा बनने में मदद मिलेगी।

करने योग्य बातें

1. जब भी आपको संदेश दिया जाए, इस बात की पुष्टि कर लें कि आपको ठीक ढंग से वह समझ आया है कि नहीं। इससे आप ध्यान देकर उसे सुनेंगे।
2. जब भी संभव हो, नोट्स बनाएं।

ध्यान देने योग्य बातें—

- अधिकतर लोग अच्छे श्रोता नहीं होते।
- एकाग्रता की कमी का कारण ठीक से न सुनना है।
- सुनते समय पूरा संदेश सुनना बहुत जरूरी है।
- संदेश की पुष्टि उसे बेहतर ढंग से समझने में मदद करती है।
- अस्थिर दिमाग खराब सुनने का नतीजा होता है।
- श्रोता को टोकने से व्यवधान पड़ता है।
- प्रभावी ढंग से सुनना एक अर्जित की गई योग्यता है।
- एक अच्छा श्रोता अच्छा सीखने वाला होता है।

मंत्र 4: पांचवां चरण

एकाग्रता

एकाग्रता का अर्थ है—विषय पर पूरा ध्यान देना। अगर आप व्यवधानों से बचना और सीखना चाहते हैं, तो यह जरूरी भी है। विशेष विषयों में एकाग्रता रखने से हर क्षेत्र में उपलब्धि प्राप्त करना संभव है। मानव की तरह जानवर एकाग्र नहीं हो सकते। यहां तक कि हर मनुष्य में भी एकाग्रता की क्षमता भिन्न-भिन्न होती है। पर सही ढंग से एकाग्र होने की योग्यता से मनुष्य को अवश्य सफलता प्राप्त हो जाती है।

सौभाग्यवश, इस क्षमता को सीखा व विकसित किया जा सकता है। जिन्होंने ऐसा करने का प्रयास किया है, वे मानते हैं कि ऐसा सांस लेने की प्रक्रिया के द्वारा होता है। अन्य चीजों से अपना दिमाग हटाकर सांस पर ध्यान लगाएं। अच्छी श्वास प्रक्रिया की आदत मनुष्य के भीतर सामंजस्य विकसित करती हैं। सांस लेना किसी की मुद्रा पर निर्भर करता है।

कुर्सी पर आराम से बैठने से आप अपना ध्यान श्वास पर केंद्रित कर सकते हैं। अंदर सांस लेते हुए दस तक गिनें। बार-बार करते हुए उस लाभ के बारे में सोचें, जो इससे आपके शरीर को मिल रहा है। जैसे-जैसे आप गहरी सांस भरते रहेंगे, आप अपने अंदर ऊर्जा का स्रोत फूटता महसूस करेंगे। इस ऊर्जा को देखने से शरीर के अंदर व्याप्त परिष्कृत प्रक्रियाओं को देखने में मदद मिलती है, जिससे आप स्वस्थ और प्रसन्न महसूस करते हैं और एकाग्रता की शक्ति बढ़ती है।

जब आप पढ़ने बैठें तो विषय के बारे में वैसे ही सोचें, जैसा कि सांस लेते हुए महसूस कर रहे थे। सोचें कि पढ़ाई से आपको क्या फायदा होगा। कई बार किसी एक विषय पर ध्यान देना जरूरी होता है, दूसरे पर नहीं। इस स्थिति में दूसरे की अपेक्षा पहले विषय को पढ़ना जरूरी हो जाता है। यह ठीक नहीं है। ऐसा तब होता है, जब हम एक चीज पर ध्यान केंद्रित करने की कोशिश करते हैं, पर जरूरत पड़ने पर दूसरी चीज से स्वयं को अलग नहीं कर पाते हैं। इसलिए, जितना एकाग्रता को सीखने की जरूरत है, उतना ही अलग होने की स्थिति को भी सीखने की जरुरत है।

एकाग्रता सीखने का वास्तविक अर्थ है, अपना सारा ध्यान एक निश्चित समय के लिए किसी एक विषय पर लगाना और फिर उससे ध्यान हटा लेना। ध्यान हटाने के बाद आप आराम कर सकते हैं या किसी दूसरे विषय को पढ़ सकते हैं। एकाग्रता ज्यादा प्रभावी ढंग से सीखने में मदद करती है।

करने योग्य बातें

1. एक शांत कमरे में एक मोमबत्ती जलाएं और अपने से कुछ दूरी पर रखें। आराम से बैठें। मोमबत्ती को देखते हुए 100 से 1 तक उलटी गिनती गिनें। अगर गिनती टूटती है, तो फिर से 100 से गिनना शुरू करें। ऐसा करने से आपको अपने विचारों को एक जगह स्थिर करने में मदद मिलेगी।
2. ध्यान रखें कि एक विषय को एक घंटे से ज्यादा देर तक न पढ़ें। अगर ऐसा करना अनिवार्य हो, तो एक घंटे पढ़ने के बाद बीच में थोड़ा रुकें।

एकाग्रता को सुधारना

ब्रहमकुमारी द्वारा चलाया जा रहा राजयोग केंद्र दिमाग को शांत और स्पष्ट रखने के लिए कुछ प्रभावी तकनीक सुझाता है। वे उसे आत्मा की चेतना कहते हैं। इसे पाने के लिए माथे के मध्य चक्र में किसी तारे जैसी चीज की कल्पना करें। चूंकि हम सब एक ही पिता, ईश्वर की संतान हैं; इसलिए हम शांति, प्यार और खुशी की स्वाभाविक प्रवृत्ति से ओत-प्रोत हैं। इन विशेषताओं की कल्पना करें। बार-बार दोहराएं: मैं शांत हूं, मुझे हर चीज से प्यार है, मैं खुश हूं। जब आप दिन में कई बार इन विचारों को दोहराएंगे तो इससे दिमाग को शांत करने में मदद मिलेगी। एक शांत दिमाग विषय पर एकाग्रता करने और सारे नकारात्मक विचार व आदतों से छुटकारा पाने में मदद करता है।

ध्यान देने योग्य बातें—

- एकाग्रता की क्षमता से सफलता मिलनी निश्चित है।
- आपकी एकाग्रता की शक्ति में सुधार हो सकता है।
- जितना एकाग्रता को सीखना जरूरी है, उतना ही जरूरी है अलग होना।
- एकाग्रता सुधारने के लिए एक घंटे की पढ़ाई के बाद एक छोटा ब्रेक लें।

मंत्र 4: छठा चरण

नोट्स बनाना

परीक्षाओं में सफलता प्राप्त करने में शायद नोट्स बनाना सीखने की सबसे महत्त्वपूर्ण प्रक्रिया है। स्कूल में अधिकांश टीचर जो पढ़ाते हैं, उसके अतिरिक्त वे नोट्स देना पसंद करते हैं। कॉलेज में लेक्चरार बोलता है और छात्र अपने नोट्स बनाते हैं। अपने पढ़ने के लिए उच्च स्तरों पर भी छात्र नोट्स बनाते हैं।

नोट्स बनाने के प्रति आपका दृष्टिकोण कैसा है? एक विकल्प पर निशान लगा इन प्रश्नों के उत्तर दें।

1. मैं जो भी पढ़ता हूं, हमेशा उसके नोट्स बनाता हूं।

   ☐ हां ☐ नहीं

2. परीक्षा की तैयारी करते हुए मुझे नोट्स से बहुत फायदा होता है।

   ☐ हां ☐ नहीं

3. जो नोट्स मैं बनाता हूं, वे स्पष्ट और समझने लायक होते हैं।

   ☐ हां ☐ नहीं

4. नोट्स को ज्यादा उपयोगी बनाने के लिए मैं चित्र भी बनाता हूं।

   ☐ हां ☐ नहीं

5. मैं कभी दूसरों को अपने नोट्स नहीं देता हूं।

   ☐ हां ☐ नहीं

अगर सारे प्रश्नों का उत्तर 'हां' में नहीं हैं, तो आपको सीखना होगा कि नोट्स कैसे बनाए जाते हैं। अच्छे नोट्स बनाकर आप कई गुना ज्यादा सफलता प्राप्त कर सकते हैं।

नोट्स बनाना

हर कोई नोट्स बनाता है, पर हर किसी को नहीं पता होता कि कैसे अच्छे नोट्स बनाए जाएं। सफल और असफल होने के बीच यही अंतर होता है कि वे कैसे नोट्स बनाते हैं।

स्कूल में कई टीचर नोट्स बनवाते हैं, जिनके आधार पर आप पास हो सकते हैं। ये नोट्स बाकी कक्षा के छात्रों से आपको श्रेष्ठ बना देते हैं। पर जब आप अव्वल आना चाहते हैं, तो स्कूल में दिए गए नोट्स पर ही निर्भर नहीं होना चाहते हैं। घर लौटकर कक्षा में पढ़ाए गए विषयों का अध्ययन करें और टीचर द्वारा दिए गए नोट्स के साथ अपने और नोट्स तैयार करें। इससे दो फायदे होंगे। पहला तो यह है कि दोहराने से वह विषय समझ में आ जाएगा और आपकी दीर्घकालीन स्मरणशक्ति में संचित भी रहेगा। दूसरा, परीक्षा के दिनों में नोट्स बने होने से याद करने में आसानी होती है।

नोट्स बनाने के लिए कौन सी नोटबुक सही रहती है? बहुत से छात्र आम नोटबुक का प्रयोग करते हैं तो कई लौग बुक का। हालांकि, इसके लिए सबसे बेहतर रहती है बिना बंधे कागजों वाली नोटबुक। लाइनों वाले और खाली शीट बाजार में आराम से मिल जाते हैं। लाइन वाले हिस्से पर लिखा जा सकता है और खाली जगह पर चित्र बनाया जा सकता है। चूंकि कागज खुले होते हैं, इसलिए जिस तरह चाहें, उन्हें रखा जा सकता है। चित्रों को भी सुविधानुसार बनाया जा सकता है। कई मामलों में, खाली कागजों पर कटिंग भी चिपकाई जा सकती है। जो नोट्स का ही एक हिस्सा होती हैं। लेस के साथ हार्डकवर फाइल में इन शीट्स को एकत्र कर लगाया जा सकता है। विभिन्न विषयों के लिए विभिन्न नोटबुक्स बनाई जा सकती हैं।

नोट्स कैसे बनाए जाएं? जो पढ़ाया जाता है, उन्हें ही अधिकतर दुबारा लिखकर और नोट्स बना लेते हैं। यह काफी नहीं है। अच्छे नोट्स बनाने के लिए किताब में दिए गए विषयों को दुबारा पढ़ें। अगर टीचर ने कोई नोट्स दिए हैं तो उनके माध्यम से पढ़ें। इस सूचना के द्वारा उसे चुनें, जो आपको महत्त्वपूर्ण लगे। पेंसिल से रेखांकित करके आप ऐसा कर सकते हैं। विषय से संबंधित सूचना का उचित चयन ही नोट्स बनाने की प्रक्रिया में उठा पहला कदम है।

इस सूचना को चुनने का आधार क्या होना चाहिए? चयनित सूचना से यह स्पष्ट हो जाना चाहिए कि क्या पढ़ना चाहिए? क्यों पढ़ना चाहिए? किस तरह से आपको सूचना से लाभ होगा? कब और कहां सूचना का प्रयोग किया जा सकता है?

चयन करने के बाद उसे वैसे ही उतारा नहीं जा सकता है। वह बहुत विस्तृत हो सकता है। इससे अच्छे नोट्स नहीं बन पाएंगे। इसलिए दूसरा कदम है कि सूचना बिल्कुल संक्षिप्त हो। फालतू की चीजों को हटा दें। केवल काम की बातें ही रखें। बाद में जब पढ़ा जाए तो यह सारगर्भित सूचना आसानी से समझ आ जाए, इसके लिए उसे तार्किक रूप से व्यवस्थित करें। अर्थ न बदल जाए, इस डर से

कई छात्र दुबारा लिखने से कतराते हैं। डरने की कोई बात नहीं है। किताब में जो लिखा है, उसे आपको दोहराने की कोई जरूरत नहीं है। जितना हो सके, उतनी सरल भाषा में विषय को बदलें। इससे बाद में आसानी होगी। इससे आपको अपनी भाषा और शैली में भी लिखने में मदद मिलेगी और वह आपकी स्मरणशक्ति में संचित हो जाएगा। नोट्स के अंत में अन्य अनिवार्य सूचनाओं को भी लिखें। यह वे चीजें होंगी, जो आपने पहले सीखी थीं। इसलिए, आप संबंधित सूचना और पृष्ठ संख्या का जिक्र वहां कर सकते हैं।

प्रभावी नोट्स

नोट्स तभी प्रभावी हो सकते हैं, जब बाद में पढ़ने के लिए उनसे मदद लेते हुए आप उन्हें आसानी से समझ सकें। वे तार्किक रूप से व्यवस्थित होने चाहिए। एक विषय को आपको दूसरे विषय की ओर ले जाना चाहिए। उन्हें उसी तरह से सरल भाषा में लिखना चाहिए, जैसे कि किसी अनाड़ी को समझाते हुए बात कही जाती है। परीक्षा से पहले विभिन्न विषयों के बारे में सब कुछ पाठ्यपुस्तक से पढ़ना ठीक नहीं होता। सही प्रकार के नोट्स से आप उन्हें एक बार नहीं, अनेक बार पढ़ सकते हैं। नोट्स के द्वारा आप पहले पढ़ाई गई पढ़ाई को पढ़ सकते हैं, उनके बारे में सोच सकते हैं और उन प्रश्नों के उत्तर दे सकते हैं, जिन्हें परीक्षा में पूछा जा सकता है। इसलिए, वाकई में उपयोगी बन सकें इसके लिए नोट्स को परीक्षा से पहले पढ़ने वाले प्रभावी औजार के रूप में तैयार करना चाहिए।

स्पष्ट नोट्स

केवल नोट्स बनाना ही काफी नहीं है, उनका स्पष्ट होना भी जरूरी है। ताकि वे आसानी से समझ आ सकें। नोट्स ऐसे होने चाहिए कि उन पर एक नजर डालते ही आपको पूरा विषय याद आ जाए। अच्छे नोट्स सरल, व्यवस्थित और आसानी से समझ आने वाले होने चाहिए। कुछ बातों को उभारने के लिए, आप विभिन्न रंगों के बॉल पेन का उपयोग कर सकते हैं। संबंधित विषय को भी विभिन्न खण्डों में बांटा जा सकता है। जिस हिस्से को आप महत्त्वपूर्ण समझते हैं, उन्हें रेखांकित भी किया जा सकता है। अगर कोई छपा हुआ चित्र आपको महत्त्वपूर्ण लगता है, तो उसे भी सही स्थान पर चिपका सकते हैं। अगर चित्र को काटना संभव न हो तो उसकी फोटोस्टेट कराकर आप चिपका सकते हैं। आप किस तरह उपयोगी नोट्स बना सकते हैं, इसके लिए आपकी निजी कल्पना ही केवल सीमा है। जिस तरह से भी आप नोट्स उपयोगी बनाना चाहते हैं, बनाएं। जितना ज्यादा ध्यान आप उन पर देंगे, परीक्षा के समय वे उतने ही फायदेमंद साबित होंगे।

नोट्स में चित्रों का प्रयोग

सारे विषयों के लिए चित्रों का प्रयोग किया जा सकता है। हालांकि, विषय को रुचिकर बनाने के लिए चित्रों का प्रयोग करना आज का आधुनिक ट्रेंड है। सारे विज्ञान के विषयों में चित्र महत्त्वपूर्ण भूमिका निभाते हैं। अगर परीक्षा में भी आप चित्र बनाते हैं, तो इससे विषय के प्रति आपकी स्पष्टता का परिचय मिलता है और ज्यादा अंक प्राप्त करने की संभावना बढ़ जाती है। जरूरी नहीं कि चित्र केवल किसी ग्राफ के माध्यम से ही हों वरन वह चार्ट, टेबल, बार चार्ट; यहां तक कि प्रतिशत को इंगित करने के लिए वृत्त को विभाजित करके भी बनाए जा सकते हैं। रंगीन पेंसिल, बॉल पेन या आम पेंसिल से शेडिंग करते हुए भी चित्र बनाए जा सकते हैं। कोई भी तरीका आप अपनाएं पर उसके पीछे विषय को ठीक से समझने का ही उद्देश्य होता है।

किसी से नोट्स लेना और देना

शेक्सपीयर ने कहा था—'न तो उधार दें न लें, क्योंकि इससे व्यक्ति स्वयं को और मित्र दोनों को ही खो देता है।' इसके बारे में विचार करें। क्या आप दोनों को खोना चाहते हैं? कक्षा में आपके सहपाठी आपके प्रतिद्वंद्वी होते हैं। अगर आप उनकी मदद करना चाहते हैं तो ऐसा ही करें। मदद साथ बैठकर पढ़ने के रूप में, एक-दूसरे का मार्गदर्शन करते हुए और सहयोग के रूप में होनी चाहिए। हालांकि, स्टडी नोट्स हर व्यक्ति का अपना निजी प्रयास होता है। ये आपको अपनी मेहनत से आगे बढ़ने में मदद करते हैं।

नोट्स तैयार करना वैसा ही है जैसे किसी विषय पर पेपर लिखना। क्या आप चाहेंगे कि आपके जैसा ही पेपर आपका मित्र भी कक्षा में दे? अगर हां, तो टीचर समझ नहीं पाएगी कि किसने किसकी नकल की है। ऐसी स्थिति में टीचर दोनों में से किसी को भी विशेष मान्यता नहीं देगा। क्या आप ऐसा चाहते हैं? नहीं न। इसलिए याद रखें कि आपके नोट्स आपके निजी प्रयोग के लिए हैं। उसी तरह उन्हें रखें।

विचारें

पढ़ने की अपेक्षा लिखते हुए ज्यादा ध्यान लगाना पड़ता है। नोट्स बनाने का अर्थ है, विषय को दीर्घकालीन स्मरणशक्ति में संचित कर लेना।

करने योग्य बातें

1. जो नोट्स बना रहे हैं, उनका मूल्यांकन करते रहें। सोचें कि आप उनमें कैसे सुधार कर सकते हैं?
2. उन विषयों पर नोट्स बनाएं, जिन पर कोई नोट्स न हों।

ध्यान देने योग्य बातें—

- ✦ सीखने की प्रक्रिया में नोट्स बनाना एक आवश्यक कदम है।
- ✦ परीक्षा से पहले अच्छे नोट्स होने पर तेजी से उन्हें दोहराया जा सकता है।
- ✦ पाठ का चयन करके ही नोट्स बनाना शुरू करें। उन्हें सारगर्भित रखें। तार्किक रूप से व्यवस्थित करें और नोट्स बनाएं।
- ✦ नोट्स बनाते समय जितना संभव हो, अपनी ही भाषा का प्रयोग करें। इससे आपकी लिखने की क्षमता में सुधार होगा।
- ✦ अच्छे नोट्स सरल, व्यवस्थित और आसानी से समझ आने वाले होने चाहिए।
- ✦ जब संभव हो, चित्रों का प्रयोग करें। इससे समझना आसान हो जाता है।
- ✦ नोट्स आपके निजी प्रयोग के लिए होते हैं। उन्हें किसी दूसरे को न दें।

मंत्र 5

आवश्यकता के अनुसार अपनाएं

परीक्षा हर आकार में होती हैं। इसकी शुरुआत तब होती है, जब बच्चों से बार-बार पूछकर या लिखवाकर उनको परखा जाता है। धीरे-धीरे, जब दो या तीन विकल्पों में से एक का चयन करते हैं या एक चीज का मिलान दूसरी से करते हैं, तो परीक्षण और सख्त हो जाते हैं।

परीक्षण परीक्षा बन जाती है और विषय को समझने के साथ उसे लिखने के क्षमता की भी आवश्यकता पड़ने लगती है। स्कूल में मासिक, तिमाही, अर्धवार्षिक और वार्षिक परीक्षाएं होती हैं। प्रत्येक परीक्षा में कुछ निश्चित प्रश्नों के उत्तर देने ही होते हैं। फिर आप समझने लगते हैं कि प्रत्येक परीक्षा से निबटने के लिए एक ही तरीका अपनाना सही नहीं होता है। जरूरत के अनुसार तरीका अपनाने की आवश्यकता होती है। सीखने की प्रक्रिया समान ही होती है। पर एक परीक्षा दूसरे से भिन्न होती है। अगर एक परीक्षा आपके लिखने की क्षमता को परखती है, तो दूसरी में यह जांचा जाता है कि आप कितने अच्छे ढंग से विषय को समझ पाए हैं या आप कितने बेहतर ढंग से अपने व्यक्तित्व का प्रदर्शन कर पाते हैं। हर बार अपनी जरूरत के हिसाब से कार्य करने के कारण आपको अपनी सारी योग्यताओं का प्रयोग करने की जरूरत होती है।

मंत्र 5: पहला चरण

परीक्षा की आश्चर्यजनक दुनिया

विस्तृत रूप से हर परीक्षा को समझने से पहले परीक्षा के कुछ आम रूप पर नजर डालते हैं:-

लिखित परीक्षा

पूरे विश्व में यह सबसे आम रूप है। जिस कागज पर उत्तर लिखने हैं, उसके साथ एक प्रश्नावली दी जाती है। एक निश्चित समय में उत्तर लिखकर देने होते हैं। हर प्रश्न के अंक भी दिए गए होते हैं। प्रत्येक छात्र को पहचान के लिए एक नंबर दिया जाता है। कोई नाम नहीं लिखा जाता है। परीक्षा के अंत में उत्तर पत्रिकाओं को एकत्र किया जाता है। उन्हें सील कर जांचने के लिए भेज दिया जाता है।

प्रयोगात्मक परीक्षा

कई परीक्षाओं में लिखित के साथ प्रैक्टिकल परीक्षाएं भी होती हैं। भौतिकी, रसायन और प्राणीशास्त्र के साथ एंथोमॉलोजी (मानवशास्त्र), माइक्रोबाइलौजी (सूक्ष्म जीव विज्ञान), होम साइंस (गृहविज्ञान), और साइकोलॉजी (मनोविज्ञान) में भी इनकी जरूरत पड़ती है। छात्र उपकरण और प्रक्रियाओं से कितना वाकिफ़ है, यही जानने के लिए यह परीक्षा होती हैं। नमूनों की पहचान करना जरूरी होता है। ये यह जानने का अवसर भी देती हैं कि पढ़ाई के समय छात्र किस तरह से अपना प्रैक्टिकल का कार्य कर रहा है। प्रैक्टिकल नोटबुक्स के लिए कुछ अंक भी दिए जाते हैं।

मौखिक परीक्षा

औपचारिक रूप से 'वाइवा' के नाम से जाने जाने वाली यह परीक्षा मौखिक होती हैं। शिक्षा के उच्च स्तर पर इसका प्रयोग किया जाता है। इसमें छात्र द्वारा लिखे किसी पेपर या प्रोजेक्ट पर विचार-विमर्श होता है। इसके लिए कुछ अंक दिए जाते हैं, क्योंकि इसके द्वारा प्रोजेक्ट रिपोर्ट के बारे में छात्र को कितनी जानकारी है, इसकी जांच की जाती है।

प्रश्नावली भरना

किसी नौकरी के लिए आवेदन करते हुए लिखित परीक्षा की जगह केवल प्रश्न पूछे जाते हैं, जिनके उत्तर के विकल्प तक नहीं होते। उत्तर शब्द या मात्र वाक्यों के रूप में दिए जाते हैं। इसके लिए दिया गया समय बहुत कम होता है। इन परीक्षाओं के उत्तर देने के लिए सामान्य ज्ञान की जानकारी होना बहुत जरूरी है। चूंकि इन परीक्षाओं में उत्तरों में कोई विविधता नहीं होती है, इसलिए इन्हें जांचना आसान होता है।

साक्षात्कार

जब किसी तरह की नौकरी पर व्यक्ति को रखना होता है तो साक्षात्कार उतना ही अनिवार्य होता है, जितना कि लिखित परीक्षा। यह प्रक्रिया का दूसरा अनिवार्य कदम है। पहला कदम लिखित परीक्षा है। जो इसमें चुने जाते हैं, उन्हें साक्षात्कार के लिए बुलाया जाता है। इसे किसी व्यक्ति, दो-चार लोगों या इसी काम के लिए नियुक्त किए गए बोर्ड द्वारा लिया जाता है। इन साक्षात्कारों के लिए व्यक्ति को अच्छी तरह से तैयारी करनी चाहिए। साक्षात्कार के द्वारा किसी के व्यक्तित्व, बोलने की क्षमता, आत्मविश्वास का स्तर और दुनिया के बारे में उसे कितनी जानकारी है, के बारे में जानने का अवसर मिलता है।

समूह में विमर्श

ये कुछ प्रवेश परीक्षाओं के पाठ्यक्रम का हिस्सा होते हैं। और अच्छे संपर्क स्थापित करने की कला में इनकी जरूरत होती है। साक्षात्कार की तरह इसमें तभी बुलाया जाता है, जब वह लिखित परीक्षा में चुन लिया जाता है। आपको अपने विषय की पूरी जानकारी होनी चाहिए और अपनी बात कहने का आत्मविश्वास भी।

स्वास्थ्य परीक्षण

कुछ खास किस्म की नौकरियों में प्रवेश या नियुक्ति पाने के लिए स्वास्थ्य परीक्षण अनिवार्य होता है। भारतीय रक्षा सेवा (सशस्त्र सेनाओं) में इसकी जरूरत होती है। यहां तक कि कई नौकरियों में, जहां नियोक्ता मुफ्त जांच कराता है, वहां भी नौकरी देने से पहले इसकी जांच की जाती है। डॉक्टरों का एक दल यह परीक्षण करता है, पर कई बार किसी मान्यता प्राप्त सरकारी अस्पताल में परीक्षण किया जाता है। सशस्त्र सेनाओं के अपने अस्पताल होते हैं।

प्रतियोगी परीक्षा

प्रति वर्ष हजारों छात्रों के व्यावसायिक कॉलेज और संस्थाओं में प्रवेश लेने के कारण केवल चयन के लिए विभिन्न तरह की परीक्षा ली जाती हैं। ऐसी अनेक परीक्षाएं हैं, जो अधिकतर हर क्षेत्र में युवाओं को व्यापारिक व व्यावसायिक पदों पर पहुंचाने के लिए ली जाती हैं। क्लर्क से लेकर आई.ए.एस. (I.A.S.) तक की नौकरी में इसकी जरूरत पड़ती है।

परीक्षा उद्योग

परीक्षाओं ने उन उद्योगों में बढ़ोतरी कर दी है, जो राष्ट्रीय, राज्य और स्थानीय स्तर पर कोचिंग सेंटर द्वारा कोचिंग प्रदान करते हैं। इससे किताब और पत्रिकाओं के प्रकाशकों को भी बढ़ावा मिला है, जो इन विषयों पर किताबें छापते हैं। स्थानीय और निजी स्तर के अलावा पत्राचार द्वारा भी कोचिंग दी जाती है। पत्राचार द्वारा ऐसे छात्रों की आवश्यकता की पूर्ति होती है, जो सीमित संख्या होने के कारण संस्थानों में प्रवेश नहीं ले पाते हैं। अच्छे टीचरों की हमेशा मांग रहती है। टीचर प्रश्न पत्र और उत्तर तैयार करते हैं एवं सरल भाषा में किताबें भी लिखते हैं। किताबों के अलावा, डिस्क के माध्यम से पाठ्यसामग्री भी उपलब्ध हो जाती है।

क्या परीक्षा होना उचित है?

कई लोग परीक्षा की धारणा पर प्रश्न उठाते हैं कि उनका होना उचित नहीं है। वे उन पर आपत्ति करते हैं, जो गलत तरीकों से पास होते हैं। क्या ये उनके लिए उचित है, जो नियमित रूप से पढ़ते हैं? यह कहना गलत होगा कि परीक्षा पूर्ण रूप से उचित होती हैं। हर स्तर पर बेईमानी करने के मामले सामने आए हैं। अगर छात्र नकल करने के तरीके जानते हैं, तो पर्यवेक्षक भी कम सतर्क नहीं होते। हर परीक्षा में नकल करते हुए छात्रों को पकड़ा जाता है और उन्हें सजा भी मिलती है।

ऐसी भी घटनाएं हुई हैं, जब परीक्षक ने कम योग्य छात्रों का पक्ष लिया है। ऐसा इसलिए क्योंकि पर्चे बनाने और जांचने का काम मनुष्य ही करते हैं। मानव की कमजोरियां समस्याएं उत्पन्न करती ही हैं। सौभाग्य से ऐसे मामले कम ही होते हैं। ऐसी गतिविधियां जल्दी ही प्रकाश में आ जाती हैं और दोषी को सजा मिलती है।

आश्चर्यलोक

हम बेशक परीक्षाओं के आश्चर्यलोक में रह रहे हैं। अगर हम अपने लक्ष्य तक पहुंचना चाहते हैं, तो हमें इस लोक प्रणाली को समझकर उससे मिलने वाली

चुनौतियों के लिए स्वयं को तैयार करना ही होगा। आश्चर्यलोक एक भूलभुलैया की तरह लगता है, जिससे निकलकर अपने लक्ष्य तक पहुंचना मुश्किल लग सकता है। हालांकि, जब कोई उन पहलुओं को समझने लगता है, जो सफलता को प्रभावित करते हैं और चुनौतियों का सामना करने को तैयार होता है तो उतना मुश्किल नहीं लगता जितना कि पहले प्रतीत होता था।

ध्यान देने योग्य बातें—

- हर परीक्षा अलग तरह से उम्मीदवार को भिन्न तरह से जांचती है।
- परीक्षा से क्या उम्मीद की जाती है, यह जानना जरूरी है।
- पूरा उद्योग परीक्षा में बैठने वाले हर छात्र की मदद करता है।
- हो सकता है परीक्षा हर समय उचित न हो, पर अनुचित तरीकों को गलत दृष्टि से ही देखा जाता है।

मंत्र 5: दूसरा चरण

स्कूल की परीक्षा

परीक्षा स्कूल के पाठ्यक्रम का नियमित हिस्सा होता है। प्रत्येक स्कूल का अपना एक तरीका होता है। अधिकतर स्कूलों में समय-समय पर होने वाली अर्ध वार्षिक व वार्षिक परीक्षाएं होती हैं। बहुत से स्कूलों में अब तिमाही, छमाही और वार्षिक परीक्षाओं के साथ नियमित रूप से साप्ताहिक परीक्षाएं भी होती हैं। सप्ताह में होने वाली और साल के बीच में होने वाली परीक्षाओं को मान्यता दी जाती है, जिनके अंक वार्षिक परीक्षा में जोड़े जाते हैं और यह तय किया जाता है कि छात्र अगली कक्षा में जाने लायक है या नहीं। इसलिए छात्र का नियमित होना तथा पूरे साल ठीक से पढ़ना ज़रूरी होता है।

हर कक्षा के लिए एक निश्चित पाठ्यक्रम होता है। पाठ्यपुस्तकों से पढ़ाने के साथ-साथ अनेक टीचर नोट्स भी देते हैं। रोज छात्रों को होमवर्क दिया जाता है, ताकि जो कक्षा में पढ़ा है, उसका वह अभ्यास कर सकें। छात्रों को घर में जरूर पढ़ना चाहिए और नोट्स भी बनाने चाहिए।

स्कूल में रोज उपस्थित होना एवं दिए गए होमवर्क को पूरा करना भी जरूरी है। कई स्कूलों में प्रोजेक्ट्स के रूप में अतिरिक्त कार्य भी दिया जाता है। इसे बेहतर रूप से करना चाहिए। अगर जरूरत हो तो परिवार के सदस्यों की मदद भी ले सकते हैं।

पढ़ने की अच्छी आदत स्कूल में ही पड़ती हैं। बच्चों में ये आदत डालने में अभिभावक बहुत महत्त्वपूर्ण भूमिका निभाते हैं। यहां तक कि अच्छे बोर्डिंग स्कूलों में जहां माता-पिता मदद करने के लिए नहीं होते हैं, वहां टीचर बच्चों में पढ़ने की रुचि पैदा करते हैं। इसके अलावा बच्चों को बिना बड़ों की मदद के स्वयं पढ़ने की आदत भी सिखाई जाती है। ये आदतें बड़े होकर बहुत फायदा देती हैं।

कक्षा में एकाग्र रहने का बहुत फायदा होता है। अच्छे नोट्स एक गुण की तरह होते हैं। लाइब्रेरी जाने की आदत और विषय से संबंधित अन्य पुस्तकें पढ़ना भी बहुत लाभदायक होता है। जो छात्र आरंभ में ही अपना एक लक्ष्य बना लेते हैं और पढ़ने के इच्छुक होते हैं, वे हमेशा अच्छा करते हैं। अगर कोई चीज नहीं आती तो टीचर से पूछने में सकुचाते नहीं हैं।

एक अच्छा छात्र जानता है कि उसके सहपाठी ही उसके प्रतिद्वंद्वी हैं। सभी अव्वल आने की कोशिश में लगे हैं। हालांकि इस समय कुछ भी दांव पर नहीं लगा होता है। अगर सारे ही छात्र अच्छे होते हैं, तो बिना अपने सहपाठियों को नुकसान पहुंचाए विशेष अंक हासिल कर सकते हैं। स्थिति को ज्यादा सकारात्मक ढंग से देखने का तरीका यह है कि छात्रों को दूसरे सहपाठियों से प्रतियोगिता करने के बजाय स्वयं को ही अपने प्रतियोगी के रूप में देखना चाहिए। जितना ज्ञान हो सके वह ग्रहण करना और हर बार अच्छे अंक लाना ही उसका लक्ष्य होना चाहिए।

विचारें

सीखने का सकारात्मक दृष्टिकोण परीक्षा में बेहतर प्रदर्शन करने की कुंजी है।

अगर छात्र कक्षा में नियमित है और दिए गए कार्य को करता है, तो उसे परीक्षा से तनाव नहीं होता। सफाई से लिखना, सही भाषा का प्रयोग करना और लापरवाही से हुई गलतियों से बचकर अच्छे अंक आ सकते हैं। स्कूल के परीक्षा भवन का माहौल परिचित होता है, इसलिए घबराने की कोई जरूरत नहीं है। कुछ दबाव हमेशा परीक्षा से जुड़े होते हैं, पर जो नियमित रूप से पढ़ते हैं और तनावमुक्त रहते हैं; उन्हें परेशान होने की जरूरत नहीं है।

ध्यान देने योग्य बातें—

- परीक्षा स्कूली जीवन का हिस्सा है।
- हर स्कूल की परीक्षा का अपना अलग ढांचा होता है।
- पढ़ने की अच्छी आदत स्कूल में ही पड़ती हैं।
- जो छात्र नियमित रूप से पढ़ते हैं, वे अच्छा प्रदर्शन करते हैं।
- दूसरों के साथ प्रतियोगिता न करें। स्वयं से प्रतियोगिता करें।
- परीक्षा में सफाई से लिखें और लापरवाही वश होने वाली गलतियों से बचें।
- तनाव से बचने के लिए परीक्षा से पहले तनावमुक्त रहें।

मंत्र 5: तीसरा चरण

कॉलेज की परीक्षा

जब छात्र स्कूल से कॉलेज में पहुंचते हैं, तो पहले स्वतंत्रता के अनुभव का आनंद उठाते हैं। कुछ प्रोफेशनल कॉलेजों के सिवाय जहां बहुत अनुशासन होता है और वे सिर्फ पैसों से मतलब रखते हैं, बहुत ही कम ऐसा होता है कि कोई छात्र कक्षा में अनुपस्थित न हुआ हो। इससे अधिकतर छात्रों पर गलत प्रभाव पड़ता है और वे गैर-जिम्मेदार हो जाते हैं। जब उपस्थिति का रिकॉर्ड लिया जाता है, तब छात्रों को अपनी गलती का अहसास होता है।

इस देश में कॉलेज की अधिकांश पढ़ाई व्यर्थ जाती है। अगर आप अपने प्रयास और माता-पिता के धन को बेकार नहीं करना चाहते हैं, तो स्वयं से कुछ सरल प्रश्न पूछें। क्या मुझे कॉलेज जाने की जरूरत है? वहां जाकर क्या मुझे लाभ होगा? क्या वहां जाने का मेरे पास कोई निश्चित उद्देश्य है? अपने अभिभावक व मित्रों से पूछें। कॉलेज जाने वाले छात्र का मानसिक विकास औसत से अधिक होना चाहिए।

जैसे आपके पास स्कूल की अपेक्षा जाने की जहां-कहीं भी ज्यादा आजादी होती है, वहीं आपके पास यह निर्णय लेने की भी आजादी होती है कि आप आगे पढ़ना चाहते हैं या नहीं। अगर आप कॉलेज केवल डिग्री प्राप्त करने के इरादे से ही नहीं जा रहे हैं, वरन अधिक ज्ञान प्राप्त करने की इच्छा रखते हैं और आपको जीवन में कुछ करने की इच्छा है, तो आपको ऐसा करने के लिए स्कूल से ज्यादा मेहनत यहां करनी होगी।

कॉलेज में बहुत ज्यादा परीक्षा नहीं होती है। अगर होती है, तो कोई भी उसके बारे में गंभीर नहीं होता है। अगर आप वास्तव में ज्ञान प्राप्त करना चाहते हैं, तो आपको गंभीरता से पढ़ना होगा। सबसे पहले उस साल जो पाठ्यक्रम पूरा करना है, उसके बारे में जानें। जरूरत की पुस्तकें ढूंढ़कर उन्हें खरीदें। दूसरा, कॉलेज के अध्ययन की तालिका के बारे में जानें। लेक्चरार और प्रोफेसरों को जानें। नियमित रूप से क्लास में जाएं। तीसरा, जो कॉलेज में पढ़ाया गया है, उसको घर जाकर पढ़ें। लाइब्रेरी जाएं और जितना हो सकता है, पढ़ें। नोट्स बनाएं। समझ न आने पर अध्यापकों से पूछें।

जब आप नियमित रूप से पढ़ेंगे, तो धीरे-धीरे आप अपने पसंदीदा विषय के बारे में जानते जाएंगे। आपका निजी प्रयास ही मदद करेगा। निजी अनुशासन आपका सबसे बड़ा गुण है। जो परीक्षा वहां होती है, वह साल में एक बार ली जाती है। जैसे ही तिथि का पता चले, नोट कर लें। उन्हें अपनी लिखने की मेज या शीशे पर चिपका दें।

फाइनल परीक्षा से पहले दो हफ्ते की छुट्टियां अवश्य दी जाती हैं। एक-एक करके सारे विषयों को दोहराने के लिए इनका प्रयोग करें। अगर आपने अच्छे नोट्स बनाएं हैं, तो पढ़ना आसान हो जाएगा। पिछले साल के टेस्ट पेपरों को देखें। उन्हें हल करें। इससे न सिर्फ विषय को दोहराने में आसानी होगी, वरन परीक्षा पत्र को लिखने का अवसर भी मिलेगा। लिखने का अभ्यास हो जाने से जब आप परीक्षा भवन में बैठते हैं, तो उससे मदद मिलती है। परीक्षा भवन में प्रश्न पत्र को सावधानीपूर्वक पढ़ें। सोचकर अच्छी लिखावट व भाषा का प्रयोग करते हुए उत्तर लिखें। खत्म होने के बाद दुबारा पेपर को जांचें।

ध्यान देने योग्य बातें—

- जो निजी रूप से प्रयास करते हैं, वे कॉलेज में सफल होते हैं।
- पाठ्यक्रम और अध्ययन का विवरण लें। कड़ी मेहनत करें।
- जो भी पढ़ें, उसके निजी नोट्स बनाएं।
- नियमित अध्ययन से सफलता निश्चित करें।
- पढ़ाई के लिए मिलने वाली छुट्टियों का उपयोग दोहराने के लिए करें।
- सावधानीपूर्वक प्रश्न पत्र पढ़ें।
- बेहतरीन लिखावट और भाषा में उत्तर लिखें।

मंत्र 5: चौथा चरण

प्रोफेशनल कॉलेज परीक्षा

जब तक छात्र प्रोफेशनल कॉलेज में प्रवेश लेते हैं, वे अनगिनत परीक्षाओं से गुजर चुके होते हैं। ऐसे अनेक छात्र होते हैं, जो कैरियर के लिए न्यूनतम बुनियाद के स्तर को भी नहीं पा पाते हैं। केवल जो छात्र प्रोफेशनल ज्ञान और योग्यता पाने के प्रति गंभीर होते हैं, वही सफल हो पाते हैं।

दूसरे कॉलेज की अपेक्षा प्रोफेशनल कॉलेजों का वातावरण भिन्न होता है। एक खास विषय को वहां पढ़ना होता है। किसी एक में विशिष्टता हासिल करने से पहले अन्य संबंधित विषयों की जानकारी होना भी बहुत जरूरी होता है। अध्यापक अपने विषयों के विद्वान होते हैं। कोई अपनी कक्षा से बाहर निकाले जाने की स्थिति में या पढ़ाई के अतिरिक्त समय के लिए एक बड़ी राशि अदा करके ही अनुपस्थित रहने की बात सोच सकता है।

सभी कक्षाओं में जाना अनिवार्य होता है। विभिन्न विषयों के बारे में अतिरिक्त जानकारी एकत्र करना भी महत्त्वपूर्ण होता है। इसका अर्थ है, ज्यादा से ज्यादा समय लाइब्रेरी और बुकशॉप में गुजारना। इसका अर्थ है, उन पत्रिकाओं से ज्यादा से ज्यादा जानकारी बटोरना, जो लेटेस्ट ट्रेंड के बारे में लिखती हैं। यही नहीं, अच्छे नोट्स बनाना भी अनिवार्य है। इसलिए, कॉलेज के बाद अधिक समय इसी प्रयास में बीतता है।

इन कॉलेजों में शिक्षा सर्वांगीण विकास के उद्देश्य को ध्यान में रखकर दी जाती है। यह इस बात पर भी निर्भर करता है कि किसी ज्ञान या योग्यता को छात्र किस तरह ग्रहण करता है। इन संस्थानों में दी जाने वाली शिक्षा का आकलन किसी बड़ी परीक्षा द्वारा नहीं होता है, पर समय-समय पर अनेक छोटी परीक्षाएं होती रहती हैं। प्रत्येक कदम छात्र को अगले उच्च कदम के लिए तैयार करता है।

अगर ट्रेनिंग के दौरान प्रैक्टिकल योग्यता की जरूरत होती है, तो शिक्षा का कुछ हिस्सा खास लैब व वर्कशॉपों में दिया जाता है। हर किसी को उपकरण पकड़ना या प्रैक्टिकल करना नहीं आता है, पर इसे अभ्यास के द्वारा सीखा जा सकता है। समझ न आने पर पूछने से हिचकिचाएं नहीं। कई छात्रों को यह लगता

है कि बाद में इन प्रयोगों की जरूरत नहीं पड़ेगी, इसलिए इसे वे गंभीरता से नहीं लेते हैं। यह सही नहीं है। ये कार्य कठिन लगने के बावजूद छात्र को किसी विशेष अनुबंध को समझने में मदद करते हैं। आगे चलकर जीवन में इससे बहुत फायदा होता है।

सैद्धांतिक कार्य के लिए जिस तरह परीक्षा होती है, वैसे ही प्रयोगात्मक योग्यता के लिए होती है। बाहर के कॉलेजों में दोनों तरह अध्यापक परीक्षा लेते हैं। कई बार बाहरी अनुबंध भी छात्रों को दिए जाते हैं। इसके लिए उन्हें आंखों-देखी जानकारी हासिल और काम करने के लिए फैक्ट्रियों और व्यापारिक स्थानों में जाना पड़ता है। अंत में वे विभिन्न तथ्यों पर अपनी निजी राय देते हुए एक रिपोर्ट तैयार करते हैं। प्रोफेसर उस रिपोर्ट पर एक लंबा वक्तव्य पेश कर फिर अंक दे सकता है।

प्रोफेशनल कॉलेज़ छात्रों को विभिन्न नौकरियों के लिए तैयार करते हैं। इन कोर्सों से ज्यादा लाभ उठाने के लिए आप कड़ी मेहनत कर सकते हैं।

ध्यान देने योग्य बातें—

- ऐसे छात्र जो किसी बुनियादी स्तर पर पहुंच चुके हैं, उन्हें प्रोफेशनल कॉलेजों में प्रवेश मिलता है।
- विभिन्न तरह के विषयों में कड़ी मेहनत करना बहुत जरूरी है।
- सफल होने के लिए किताबों से प्यार होना बहुत जरूरी है।
- व्यावहारिक योग्यताओं को जानने में झिझकें नहीं।
- नियमित अध्ययन से सफलता निश्चित है।
- बाहरी प्रैक्टिकल अनुबंधों पर ज्यादा मेहनत करें।
- अपने व्यक्तित्व का सर्वांगीण विकास करने का लक्ष्य रखें।

मंत्र 5: पांचवां चरण

शोध-प्रबंध लिखना

अध्ययन के उच्च स्तर पर जहां अनुसंधान करना होता है, रिसर्च पेपर या थीसिस लिखना छात्र के लिए अंतिम परीक्षा होती है। हर छात्र को पढ़ने के लिए एक खास विषय दिया जाता है। रिसर्च पेपर में समाहित जानकारी दो स्रोतों से आती है। प्राथमिक स्रोत में आंखों-देखी सूचना, साक्षात्कार द्वारा हासिल सूचना, वास्तविक अवलोकन और मूल दस्तावेजों का अध्ययन निहित होता है। दूसरे स्रोत में विद्यमान रिपोर्ट्स, टिप्पणियां और विद्वानों द्वारा लिखित दस्तावेज समाहित होते हैं।

दूसरे स्रोत से साम्रगी एकत्र करने के लिए पुस्तकालयों में समय गुजारना, किताब और पत्रिकाएं पढ़ना अनिवार्य होता है। पहले छात्र द्वारा लिखी थीसिस की एक प्रति भी पुस्तकालय में रखना हर कॉलेज और विश्वविद्यालय का चलन होता है। पहले के रिसर्च पेपरों से कुछ जानकारी लेकर, उसमें कुछ बदलाव कर अपने रिसर्च पेपर में जोड़ना छात्रों की आम प्रवृत्ति होती है। ऐसा करना बहुत आसान लगता है, पर यह ठीक नहीं है।

प्राथमिक सूचना आंखों-देखी होनी चाहिए। जो प्रोफेसर आपका निरीक्षक है वह आपको बताएगा कि काम को कैसे करना चाहिए। अगर किसी संस्थान में जाना या किसी का साक्षात्कार करना जरूरी हो, तो इसके लिए वे एक पत्र भी लिखकर देते हैं। जब बहुत से लोगों का साक्षात्कार करना होता है, तो पहले से एक प्रश्नावली और उत्तर पुस्तिका तैयार कर लेना ठीक होता है। कई छात्र बातचीत को रिकॉर्ड करने के लिए डिक्टाफोन का प्रयोग करते हैं।

दूसरी सूचना प्राप्त करने के लिए छात्र का पुस्तकालयों में जाना निहायत जरूरी है। संदर्भ (रेफरेंस) खंड से अपना काम शुरू करें। विषय से संबंधित विभिन्न ग्रंथों की मदद लें।

इनसे वास्तविक संदर्भ सामग्री बेशक नहीं मिलेगी पर आवश्यक सामग्री कहां से मिल सकती है, इसका पता अवश्य चल जाएगा। सही जानकारी प्राप्त करने के लिए मूल ग्रंथ देखें न कि उनका संक्षिप्त रूप, जैसा कि कई छात्र करते हैं। एक

किताब से दूसरी किताब की जानकारी हासिल हो जाएगी। जब इस तरह से आपको संदर्भ मिलने लगेंगे तो आपको कार्ड्स पर अपनी एक ग्रंथ सूची (बिबलियोग्राफी) बनानी पड़ेगी। कार्ड में किताब या पत्रिका के बारे में मूल जानकारी लिखी जानी चाहिए। लेखक का नाम (सरनेम, फर्स्ट नेम और मिडिल नेम), शीर्षक, प्रकाशन वर्ष और फिर प्रकाशक का नाम लिखें। अगर पत्रिका है तो वॉल्यूम, अंक और पृष्ठ संख्या लिखें।

जो भी सामग्री आप एकत्र करें, हो सकता है वह उपयोगी न हो। पढ़ते समय उन पर टिप्पणी आप कार्ड पर लिख सकते हैं। कई बार, दो बार भी लिखा जाता है। कई बार विस्तृत जानकारी भी खास नहीं होती। पढ़ते समय इन्हें आप अलग कर सकते हैं। जब अंतिम चयन करते हैं, तब तक आपकी बिबलियोग्राफी तैयार हो चुकी होती है।

अध्ययन करते समय आपको नोट्स बनाने होंगे। इन्हें खुले कागजों पर ही लिखें। जब आप अंतिम रूप से उनका चयन करें और अपने रिसर्च पेपर में समाहित कर लें, तो व्यवस्थित रूप दे सकते हैं। संदर्भ सामग्री जुटाते वक्त आपको प्रासंगिक प्रश्न और मुद्दों को याद रखना होगा। संदर्भ के विभिन्न विकल्प हो सकते हैं और अपने अध्ययन के विषय के अनुरूप उनका प्रयोग कर सकते हैं।

प्राथमिक और द्वितीय सूचना तैयार हो जाने के बाद पेपर के लिए एक खाका बनाना होगा। पुस्तकालय में अनेक नमूने उपलब्ध होते हैं। आप जिस तरह से अपने प्रोजेक्ट को बेहतर ढंग से प्रस्तुत कर सकते हैं, उसी तरह योजना बनाएं। पेपर लिखना अगला कदम होगा। ऐसा करते समय ध्यान रखें कि यह कोई वैसी रिपोर्ट नहीं है, जैसा कि अन्य विद्वान इस मुद्दे के बारे में सोचते हैं। पहले के विद्वानों के विचारों के आधार पर और स्वयं की प्राथमिक जानकारी के अनुसार व्याख्या करते हुए रिपोर्ट पेश करना ही वास्तविक उद्देश्य होता है। पेपर में मुद्दे से संबंधित तमाम बातें होती हैं और यह भी स्पष्ट हो जाना चाहिए कि इस विषय के बारे में आप पूरी समझ रखते हैं। अन्य विद्वानों का उल्लेख करते समय उन्हें पूरा साभार दें। फुटनोट्स का प्रयोग करें। अपने काम के आधार पर जब आप एक निष्कर्ष पर पहुंचते हैं और पाते हैं कि पहले के विद्वानों ने भी यही निष्कर्ष निकाला था तो उसका जिक्र फुटनोट में अवश्य करें। लेखक, किताब या पत्रिका का नाम यथारूप में आना चाहिए।

रिपोर्ट की भाषा सरल और साफ होनी चाहिए। वर्तनी या व्याकरण की कोई अशुद्धि नहीं होनी चाहिए। जिन आंकड़ों का जिक्र करें, वे सही हों। अंत में, निष्कर्ष देते हुए बिबलियोग्राफी दें। रिपोर्ट बंधी हुई होनी चाहिए और अनेक प्रतियां देनी चाहिए।

ध्यान देने योग्य बातें—

- अध्ययन के उच्च स्तर पर रिसर्च पेपर लिखना छात्र के लिए अंतिम परीक्षा होती है।
- रिपोर्ट में प्राइमरी और सेकेंडरी दोनों स्रोतों से प्राप्त सूचना होनी चाहिए।
- संदर्भ ग्रंथों को पढ़ते हुए शुरुआत करें। अपना संदर्भ ग्रंथ तैयार करें। मौलिक पुस्तकें पढ़ें। सूचना को एकत्र व व्यवस्थित करें।
- एक प्रारूप बनाएं और जितनी बेहतर हो, रिपोर्ट तैयार करें।
- फुटनोट्स के माध्यम से आभार प्रकट करें।
- रिपोर्ट अच्छी तरह से तैयार हो तथा आपकी उस विषय पर पकड़ को प्रदर्शित करें।

मंत्र 5: छठा चरण

अपने परीक्षक को जानें

परीक्षा में अव्वल आने के लिए कई चरणों से गुजरना पड़ता है। अपने को समझने, परीक्षा के उद्देश्य को समझने और अंततः परीक्षा के लिए तैयारी करने से यह आरंभ होता है। परीक्षा में मिले अंकों द्वारा मूल्यांकन किया जाता है। और कौन यह अंक देता है? वह होता है परीक्षक-जो आपकी उत्तर पुस्तिकाओं की जांच करता है।

परीक्षा की प्रक्रिया में तीन लोग जुड़े होते हैं। वह व्यक्ति जिसे प्रश्न पत्र बनाने का काम सौंपा जाता है, निरीक्षक जो परीक्षा देने आए छात्रों के लिए व्यवस्था करता है और वह व्यक्ति जो उत्तर पुस्तिका को जांचता है। प्रश्न पत्र कौन बनाता है, इसके बारे में जानकारी किसी को नहीं होती है। फिर भी यह बात समझ लेनी चाहिए कि परीक्षक किसी आवश्यकता के अनुसार ही पेपर बनाता है। विचारों के भिन्न-भिन्न स्तर पर छात्रों की योग्यता को जांचने के हिसाब से उन्हें तैयार किया जाता है। प्रश्नों को इस तरह बांटा जा सकता है :

- **अभिज्ञान प्रश्न :** जहां निजी अध्ययन के द्वारा व्यक्ति को पहचानने की जरूरत होती है।
- **स्मरण प्रश्न :** जो किसी की स्मरणशक्ति को परखते हैं।
- **प्रयोगात्मक प्रश्न :** किसी विशेष स्थिति में ज्ञान के प्रयोगात्मक रूप को जानना।
- **विश्लेषणात्मक प्रश्न :** किसी विशेष स्थिति का विश्लेषण करने के लिए छात्र की योग्यता को जांचता है और किसी चीज के ढांचे या तत्त्व का विस्तृत रूप से परीक्षण करता है।
- **संश्लेषणात्मक प्रश्न :** जोड़ने वाले एक संपूर्ण को बनाने के लिए हिस्सों का मिश्रण होता है।
- **मूल्यांकन प्रश्न :** किसी विचार का मूल्य आंकने, किसी स्थिति या चीज की योग्यता जांचने के लिए किए जाते हैं।

निरीक्षकों को यह कड़ी हिदायत दी जाती है कि परीक्षाओं में कोई नकल न करे। पर जो उत्तर पुस्तिका जांचता है, वह ज्यादा महत्त्वपूर्ण व्यक्ति होता है। यह

व्यक्ति कौन है? यह नहीं पता होता है, क्योंकि परीक्षा में इस बात को गुप्त रखा जाता है। हालांकि, अंक इसी व्यक्ति पर निर्भर करते हैं, इसलिए आपको उस व्यक्ति की कार्यशैली और अपेक्षाओं को समझना चाहिए।

स्कूल में आपकी टीचर पेपर चेक करती है। केवल बोर्ड की परीक्षा और प्रतियोगी परीक्षा के लिए अलग से टीचर नियुक्त किए जाते हैं। जो व्यक्ति आपकी उत्तर पुस्तिका की जांच करते हैं, उन्हें हर पेपर के लिए कुछ रूपए मिलते हैं। इसलिए हर पेपर पर कुछ मिनट से ज्यादा ध्यान नहीं दिया जाता है।

ध्यान रखें : विषय को पढ़ने के आपके पूरे वर्ष के प्रयास और तीन घंटे के परीक्षा पेपर को केवल परीक्षक के कुछ मिनट मिलते हैं। इन कुछ क्षणों में आपने जो प्रभाव छोड़ा होता है, उसी पर आपके अंक निर्भर होते हैं। अब आपको यह बात समझ आएगी कि हम क्यों इस बात को बार-बार दोहरा रहे हैं कि अच्छी लिखावट व प्रेजेंटेशन जरूरी है। एक परीक्षक, जो तेजी से एक जैसी उत्तर-पुस्तिकाओं को पढ़ रहा होता है, उसके लिए अंक खुलेपन से देने या कंजूसी से देने के लिए प्रेजेंटेशन बहुत मायने रखता है।

छात्र परीक्षक का ध्यान खींचने के लिए ऐसा पेपर दे, जो अपनी सफाई से उसका ध्यान आकर्षित करे। पृष्ठ के दोनों ओर मार्जिन छोड़ें। प्रश्न पत्र में लिखे प्रश्नों को लिखें। हर प्रश्न का उत्तर नए पृष्ठ पर लिखें। जब भी संभव हो मुख्य बिंदुओं को रेखांकित करें। अनिवार्य हो तो चित्र बनाएं। जिन प्रश्नों के उत्तर अच्छे से आते हों, उन्हें पहले लिखें। आखिरी उत्तर को रेखांकित करें या गणित के प्रश्नों को बॉक्स में लिखें।

विचारें

परीक्षक यह नहीं जानना चाहते कि आप कितना जानते हैं, पर यह जानना चाहते हैं कि आप विषय को कितनी अच्छी तरह से समझते हैं।

अगर किसी उत्तर के बारे में पूरी तरह से यकीन न हो, तो उसे अंत में करने के लिए छोड़ दें। इन प्रश्नों का उत्तर आप अपनी बुद्धिमत्ता से कुछ तुक्का लगाते हुए भी दे सकते हैं। इसके लिए आपको अपने उत्तर के पहले अनुच्छेद को सावधानीपूर्वक लिखना होगा, ताकि वह तुरंत ध्यान खींचे। फिर आपको बहुत ही विश्वसनीय आखिरी अनुच्छेद लिखना होगा। बीच में, आप जिस विषय के बारे में जानते हैं, लिख सकते हैं। इससे आपको पूरे अंक तो नहीं मिलेंगे पर अगर

आपने अपने आरंभिक प्रश्नों को अच्छा किया होगा तो परीक्षक फिर भी आपको उस विषय के बारे में आपके सामान्य ज्ञान के आधार पर कुछ अंक दे देगा।

उत्तर लिखते समय यह ध्यान रखें कि एक परीक्षक इन्हें जांचेगा। आपकी उत्तर-पुस्तिका आपके ज्ञान और योग्यता का प्रतिबिंब होती है। जितना संभव हो, उतना अच्छा प्रभाव छोड़ने की कोशिश करें।

ध्यान देने योग्य बातें—

- परीक्षक किस तरह आपकी उत्तर पुस्तिका की जांच करता है, इस पर आपके अंक निर्भर होते हैं।
- आपका पूरे वर्ष का अध्ययन और तीन घंटे की परीक्षा का आंकलन कुछ मिनटों में होता है।
- अच्छी लिखावट और सफाई छात्र के बारे में बताती है।
- अच्छी प्रस्तुति से आप बुद्धिमत्ता से कुछ अतिरिक्त अंक पा सकते हैं।
- हमेशा जितना संभव हो, अच्छे उत्तर दें।

मंत्र 6

अधिक प्रतियोगी बनें

पहले हमने जीवन के हर क्षेत्र में होने वाले संघर्ष के बारे में बात की। यह ताकतवर की विजय 'जैसा' ही है। परीक्षा किसी खास उद्देश्य के लिए सबसे उपयुक्त व्यक्ति को चुनने का एक तरीका है। तभी हम सब जगह विभिन्न तरह की प्रतियोगी परीक्षाओं को होते देखते हैं। अपनी योग्यता को सिद्ध करने के लिए सारे युवाओं को परीक्षा देनी होती है। अगर हम पीछे मुड़कर देखें तो पाएंगे कि हम सबने अपने सहपाठियों से आगे निकलने के लिए अच्छी आदतें विकसित कीं और ज्यादा क्षमताओं का विकास किया। ज्यादा प्रतियोगी बनना ही इसका उद्देश्य था। हमें दुनिया का सामना करना है, हमें आगे बढ़ना है। दूसरों को कमजोर समझने की हमें भूल नहीं करनी चाहिए। ज्यादा प्रतियोगी बनने के लिए हमें एक योजना तैयार करनी होगी।

मंत्र 6: पहला चरण

प्रतियोगी परीक्षा

कैरियर बनाने के इच्छुक युवाओं के लिए बहुत सारी प्रतियोगी परीक्षाएं उपलब्ध हैं। एक परीक्षा में उत्तीर्ण होने से सीधे आप किसी कैरियर को अपना सकते हैं। कुछ को संस्थानों में इससे प्रवेश मिल जाता है। कैरियर में प्रवेश तो बाद में होता है। विस्तृत परिप्रेक्ष्य में छात्र का आकलन करना प्रतियोगी परीक्षा का उद्देश्य होता है और वे उम्मीद करते हैं कि छात्र को सारी जानकारी हो। जो पाठ्यक्रम पढ़ाया जाता है, वह सीमित पढ़ाई तक ही प्रतिबंधित नहीं होता। इन परीक्षाओं के लिए विस्तृत जानकारी चाहिए होती है, यही सोचकर इस पाठ्यक्रम में व्यापक चीजों को लिया जाता है।

स्कूल और कॉलेज की परीक्षा की तुलना में प्रतियोगी परीक्षा में अन्य एक और महत्त्वपूर्ण अंतर यह होता है कि इसमें आपका चयन न्यूनतम अंकों के आधार पर नहीं होता है। इन परीक्षाओं में उम्मीदवारों की संख्या बहुत ज्यादा होती है और इन परीक्षाओं का मुख्य उद्देश्य होता है टॉपर्स को चुनना। इनसे मिले अंक इसमें उतने मायने नहीं रखते हैं।

प्रश्न पत्रों का उत्तर गति और सही ढंग से देना ज्यादा मायने रखता है। इसके लिए आवश्यक है कि उम्मीदवार की तैयारी ठीक से हुई हो। प्रतियोगी परीक्षा के लिए सही ढंग से तैयारी करने के पीछे राज यही है कि जितना संभव हो, उतने पुराने पेपरों के उत्तर दें। ये प्रश्न पत्र बाजार में उपलब्ध होते हैं। प्रतियोगी परीक्षाओं के लिए निकलती कई पत्रिकाओं में भी पुराने पेपर, मॉक टेस्ट और सफलता के लिए मार्गदर्शिका दी हुई होती है। वे पत्रिका के पुराने अंक भी बेचती हैं।

कई छात्र स्थानीय कोचिंग केंद्रों में भी प्रवेश ले लेते हैं, जो इन प्रतियोगी परीक्षाओं की गहन तैयारी कराते हैं। कई संस्थान पत्राचार द्वारा भी कोचिंग कराते हैं। सफलता का रहस्य अभ्यास में निहित है। जितना अभ्यास किया जाता है, इंसान उतना ही बेहतर करता है। कोचिंग सेंटरों में भी जितना संभव हो, उतने ज्यादा प्रश्नों और उत्तरों से छात्र परिचित होते हैं। सही जवाब देने और उसकी गति बढ़ाने के लिए उम्मीदवारों को जितना संभव हो, पुराने प्रश्नों के उत्तर देते रहने चाहिए।

अच्छी तैयारी करने के लिए उम्मीदवार को पाठ्यक्रम में निर्धारित पुस्तकों को अच्छी तरह से पढ़ना चाहिए। अच्छे नोट्स अध्ययन की सामग्री को दोहराने में मदद करते हैं। अतिरिक्त अध्ययन से दूसरे छात्रों से आप आगे बढ़ सकते हैं। दूसरे छात्र से आगे बढ़ने का अर्थ है ज्यादा अंक पाना और उच्च श्रेणी को हासिल करना। आरंभिक अवस्था में अच्छी पढ़ने की आदत विकसित करना, प्रतियोगी परीक्षा में अव्वल आने में मदद करती है। व्यवस्थित पढ़ाई, अभ्यास, बार-बार पढ़ना और तनावरहित रहने का दृष्टिकोण, इन परीक्षाओं में बहुत मदद करता है।

आखिरी मिनट की परेशानी से बचने के लिए यह ध्यान रखें कि समय पर आपको अपना प्रवेश पत्र मिल जाए। पहले से ही अपने परीक्षा केंद्र की जगह के बारे में जान लें। जिस कमरे में परीक्षा देने के लिए बैठना है, उसे भी देख लें। चूंकि इन परीक्षाओं में बैठने वाले छात्रों की संख्या बहुत ज्यादा होती है, इसलिए अगर इन बातों का पहले से ही ध्यान न रखा जाए, तो आखिरी मिनट में कोई भी गड़बड़ी हो सकती है।

परीक्षा वाले दिन सेंटर पर समय से पहुंचें। तनावमुक्त रहें। अगर आप पुराने पेपरों का अभ्यास करते रहे हैं, तो आपको उत्तर देने में कोई दिक्कत नहीं आएगी। बेहतरीन लिखावट और भाषा में लिखें। पेपर देने से पहले अपनी गलतियों और छूटे हुए हिस्सों पर नजर अवश्य डाल लें।

ध्यान देने योग्य बातें—

- अनेक तरह की प्रतियोगी परीक्षाएं होती हैं।
- इन परीक्षाओं में अच्छा करने के लिए हर तरह से जानकारी होना बहुत जरूरी है।
- याद रखें कि ये उत्तीर्ण होने वाली नहीं, वरन प्रतियोगी परीक्षाएं हैं।
- जमकर तैयारी और अभ्यास के साथ जो अपेक्षा की जा रही है, उसे जानने में ही सफलता निहित होती है।
- पहले से ही परीक्षा केंद्र और भवन के बारे में जांच लें।
- बेहतरीन भाषा और लिखावट में उत्तर दें। गति व एकदम सही जवाब दोनों ही जरूरी हैं।

मंत्र 6: दूसरा चरण

वस्तुनिष्ठ परीक्षा

प्रतियोगिताओं के लिए आमतौर पर वस्तुनिष्ठ परीक्षा ली जाती है। इन परीक्षाओं में पाठ का याद करना या रट्टा लगाने का कोई फायदा नहीं होता है। इनका उत्तर देने के लिए आपको गति व ज्ञान दोनों का होना जरूरी है। इन परीक्षाओं में संक्षिप्त उत्तर देने की जरूरत होती है, जो सरल शब्दों या वाक्यों में हो सकते हैं। प्रश्नों में वाक्य भी हो सकते हैं, जहां रिक्त स्थानों की पूर्ति करनी पड़ती है; उलझन पैदा करने के लिए अनेक विकल्प दिए जाते हैं। उसी तरह ऐसे प्रश्न हो सकते हैं, जिनके तीन या चार उत्तर दिए गए हों। आपको उनमें से एक विकल्प पर निशान लगाना होता है। परीक्षक आपकी क्षमता को परखने के लिए हमेशा नए तरीके अपनाते रहते हैं।

अधिकतर छात्र सोचते हैं कि वस्तुनिष्ठ परीक्षाओं के उत्तर देना ज्यादा आसान होता है। उन्हें किसी उत्तर के बारे में सोचना नहीं पड़ता है। उनका काम है सिर्फ सही विकल्प को ढूंढ़ना। हालांकि यह सही नहीं है। इन परीक्षाओं में आप उन चीजों पर निर्भर नहीं हो सकते, जो किताबों से पढ़ी जाती हैं। आपका न सिर्फ विशेष विषयों का ज्ञान विस्तृत होना चाहिए, वरन यह भी पता होना चाहिए कि वे दूसरों से कैसे जुड़े हुए हैं। यहां तक कि रिक्त स्थानों की पूर्ति करते हुए आपको हर शब्द के वास्तविक अर्थ को समझना होगा।

दिए हुए उत्तरों से चुनते समय बिल्कुल सही उत्तर और करीब-करीब सही उत्तर के अंतर को समझने के लिए उस खास संदर्भ का विश्लेषण करने की जरूरत होती है। ऐसा होना हमेशा आसान नहीं होता, खासकर जब समय की कमी हो। इन प्रश्नों का उत्तर देने के लिए उसमें से गलत जवाबों को अलग करने की प्रक्रिया ही एकमात्र विकल्प होता है। पहले, गलत विकल्पों को काट दें। दूसरे, फिर अन्य विकल्पों के साथ प्रश्न को पढ़कर उसकी भाषा और ध्वनि के साथ मिलाना चाहिए। इस तरह आप सही उत्तर ढूंढ़ सकेंगे।

इन परीक्षाओं में समय सबसे अनिवार्य तत्त्व होता है। एक घंटे में सौ प्रश्नों का उत्तर भी देना पड़ सकता है। यानी प्रत्येक प्रश्न का उत्तर देने के लिए आपको 36 सेकेंड मिलते हैं। अगर आप उत्तर जानते हैं, तो केवल सही पर निशान लगाने

के लिए दस मिनट भी काफी होते हैं। पर अगर उत्तर समझ न आए, तो आप बुरी तरह से परेशान और तनावग्रस्त हो जाते हैं। इससे समस्या उत्पन्न हो सकती है।

इन परीक्षाओं को करने का सबसे उत्तम तरीका है कि इन्हें तीन चक्रों में किया जाए। परीक्षा देने से पहले प्रश्न पत्र को सावधानीपूर्वक पढ़ें। क्या कोई विकल्प है? हर प्रश्न के कितने अंक हैं? क्या गलत उत्तर देने पर अंक कट भी सकते हैं? सारी हिदायतें पढ़ लेने के बाद पहले चक्र में उन प्रश्नों के उत्तर दें, जिनके बारे में आपको पूरा यकीन हो। साथ-साथ उन प्रश्नों पर भी पेंसिल से निशान लगा दें जिन्हें आप सुलझा सकते हैं, पर जिनके लिए ज्यादा समय चाहिए होता है। यह दस से पंद्रह मिनट के बीच में हो सकता है।

अगले चक्र में उन प्रश्नों के उत्तर दें, जिन पर आपने पेंसिल से निशान लगाया था। इसके लिए हो सकता है कि किसी तरह की गणना या जांच की जरूरत होती हो। जितना जल्दी हो सके, उत्तर दें। इसमें पहले चक्र की अपेक्षा ज्यादा समय लग सकता है। आखिर में मुश्किल प्रश्नों के उत्तर लिखना शुरू करें। अगर गलत होने पर अंक न कटते हों, तो आप बुद्धिमत्ता से अनुमान भी लगा सकते हैं। पर अगर अंक कटने का जोखिम हो, तो ये प्रश्न न करें।

ये परीक्षाएं आसान नहीं होती हैं। साथ-साथ वे बहुत ज्यादा मुश्किल भी नहीं होती हैं। इन प्रश्नों को सुलझाने की आदत हो जाने में सारा तथ्य निहित है। पुराने प्रश्न पत्र लेकर उनके उत्तर दें। सौ बात की एक बात कि 'अभ्यास इंसान को बेहतर बनाता है'।

ध्यान देने योग्य बातें—

- वस्तुनिष्ठ परीक्षा प्रतियोगी परीक्षाओं में ली जाती है।
- इन परीक्षाओं में हर विषय की जानकारी और गति की आवश्यकता होती है।
- इन परीक्षाओं में सही उत्तर और करीब-करीब सही उत्तर के बीच बहुत अंतर होता है।
- हर परीक्षा में समय सबसे बड़ी बाधा होती है। इसमें गति से उत्तर देने की जरूरत होती है।
- अच्छे अंक पाने के लिए उत्तर तीन चरणों में दें।
- अगर अंक कटने का डर न हो, तो बुद्धिमत्ता से अनुमान लगाएं।
- अभ्यास से सफलता मिलती है। कोशिश करते रहें।

मंत्र 6: तीसरा चरण

साक्षात्कार से पूर्व की प्रश्नावली

कई बार लिखित परीक्षा और साक्षात्कार के बीच में एक और अन्य टेस्ट होता है। जो छात्र लिखित परीक्षा में उत्तीर्ण हो जाते हैं, उन्हें एक प्रश्नावली भरनी होती है, जिसमें जानकारी से जुड़े अन्य अनेक बिंदु निहित होते हैं। कई बार इन प्रश्नावलियों को भरकर इंटरव्यू से पहले डाक द्वारा भी भेजना होता है। कई बार कहा जाता है कि साक्षात्कार के दौरान उम्मीदवार इसे अपने साथ लाए।

इन प्रश्नावलियों का उद्देश्य होता है, उम्मीदवार के दृष्टिकोण को जानना। प्रश्न इस तरह तैयार किए जाते हैं कि वे व्यक्ति की प्राथमिकता, निजी ताकत और कमजोरियों को प्रतिबिंबित करते हैं। अकसर इंटरव्यू के दौरान इन प्रश्नों पर विचार-विमर्श भी किया जाता है। इन प्रश्नावलियों का मकसद समझने के लिए उस फॉर्म में दिए गए एक सरल प्रश्न पर विचार करें : आपने पढ़ने के लिए इस संस्थान को ही क्यों चुना? आपका जवाब क्या होगा? अधिकांश उम्मीदवार इसका जवाब यह देंगे कि 'अन्य संस्थानों की अपेक्षा जो छात्र यहां से पढ़कर निकले, उन्हें ज्यादा बेहतर वेतन मिल रहा है।' पर एक दूसरे उम्मीदवार के जवाब पर विचार करें- 'मैंने पढ़ने के लिए इस संस्थान को ही इसलिए चुना क्योंकि मैं जानता हूं कि देश की किसी अन्य फैकल्टी से इस संस्थान की फैकल्टी बेहतर है।'

आपके विचार से किसे ज्यादा प्राथमिकता दी जाएगी? निस्संदेह बाद वाले को। ऐसा नहीं है कि यह उम्मीदवार पैसा नहीं कमाना चाहता, पर इसकी पहली प्राथमिकता धन की अपेक्षा ज्ञान है। उसका उत्तर उसके दृष्टिकोण का द्योतक है। इसके अतिरिक्त उसने अपने सरल उत्तर द्वारा फैकल्टी की प्रशंसा कर दी, जिसमें हो सकता है, उसके कुछ साक्षात्कारकर्ता भी हों।

एक अन्य प्रश्न पर विचार करते हैं, जो प्रश्नावली में हो सकता है : इस संस्थान से पढ़ाई खत्म करने के बाद आपकी क्या योजनाएं हैं? अधिकतर उम्मीदवारों का उत्तर होगा, 'मैं एक अच्छी कंपनी में नौकरी करना चाहूंगा, जहां मैं उच्च पद पर पहुंच सकूं।' इसकी तुलना में एक अन्य उम्मीदवार का उत्तर यह होगा : 'इस संस्थान से शिक्षा पूरी करने के बाद मैं किसी अच्छी कंपनी के माध्यम से व्यापार

और उद्योग के विकास में सहयोग देना चाहूंगा, ताकि मैं इस देश का एक जिम्मेदार नागरिक होने का अनुभव प्राप्त कर सकूं।'

अब सोचें किसे प्राथमिकता दी जाएगी, तो फिर से बाद वाले पर एकदम ध्यान जाएगा। जाहिर है कि यह उम्मीदवार किसी व्यापारिक संस्थान के साथ ही काम करेगा। अंतर है तो केवल व्यक्ति की सोच का। संभावित विजेता और आम लोगों के बीच यही अंतर होता है कि दूसरे के लिए काम करके सफलता पाना उनका लक्ष्य होता है। पाने से पहले देना उनका प्रथम चरण होता है। अधिकतर मामलों में उम्मीदवार प्रश्नों को उसी रूप में लेकर शब्द दर शब्द उत्तर दे देते हैं। वह यह बता देते हैं कि वे क्या चाहते हैं। वे इस बात को नहीं समझते कि उनकी सफलता इस बात पर निर्भर करती है कि दूसरे उनके कार्यों को कितना स्वीकारते हैं।

इन पूर्व साक्षात्कार प्रश्नावलियों में बहुत से समान प्रश्न हो सकते हैं, जिनका उद्देश्य होता है, उम्मीदवार की निजी आशा, महत्त्वाकांक्षा, पारिवारिक पृष्ठभूमि, निजी आदत, रुचि, ताकत व कमजोरियों को जानना। अधिकतर प्रश्नों के उत्तर साक्षात्कार का आधार बनते हैं। इस समय साक्षात्कारकर्ता यह भी परखना चाहता है कि उम्मीदवार ने प्रश्नों के उत्तर अपने व्यक्तित्व के अनुरूप दिए हैं या निजी स्वार्थ के तहत।

ध्यान देने योग्य बातें—

- उम्मीदवार के बारे में अतिरिक्त जानकारी हासिल करने के लिए प्रश्नावलियों का उपयोग किया जाता है।
- उम्मीदवार के उत्तर से प्रदर्शित होते जवाबों से उनके दृष्टिकोण का आकलन करना ही प्रश्नावलियों का लक्ष्य होता है।
- जल्दबाजी में प्रश्नावली न भरें। सावधानी से भरें।
- निजी प्रयोग के लिए फॉर्म की एक कॉपी अपने पास रखें।
- फॉर्म आपके काम का नमूना हो। उसे बेहतर ढंग से भरें।

इन प्रश्नावलियों को जल्दबाजी में न भरें। प्रश्नों पर विचार करें। प्रश्न पूछे जाने के उद्देश्य को समझें। पहले रफ पेपर पर उत्तर लिखें। ठीक विचारें। पुनः कर सकते हों तो शब्दों को सुधारें। संतुष्ट हो जाने के बाद ही आप अच्छी लिखावट में इसे भरें। फॉर्म में लिखे निर्देशों को पढ़ें। जिनकी लिखावट अच्छी नहीं होती, वे टाइप करना पसंद करते हैं। हालांकि हमेशा यह उल्लेख किया गया होता है कि

फॉर्म अपने हाथ से भरें। अगर फॉर्म को साक्षात्कार से पहले लौटाना है तो समय पर लौटा दें। अपने पास एक फोटोकॉपी रखें। इंटरव्यू पर जाने से पहले अच्छी तरह से उसे पढ़ें। फॉर्म में दिये गए उत्तर और आपके जवाब में समानता होनी चाहिए। अगर उस फॉर्म को साथ ले जाना हो, तो एक फाइल में रखकर ले जाएं। वह मुड़े न। जब साक्षात्कारकर्ता के हाथ में वह फॉर्म दें, तो उससे आपके काम की गुणवत्ता की झलक मिले। अच्छा प्रभाव साक्षात्कार के दौरान बहुत मदद करता है।

मंत्र 6: चौथा चरण

सामूहिक विचार-विमर्श

किसी नौकरी के लिए छात्रों का चयन करने का सामूहिक विचार-विमर्श एक और परीक्षण का माध्यम है। एक समूह बनाया जाता है और विचार करने के लिए उन्हें एक विषय दिया जाता है। एक व्यक्ति से चर्चा करने के लिए कहा जाता है। निर्धारित समय के अंदर दूसरा बोलना शुरू करता है। अच्छे अंक पाने के लिए अच्छा ज्ञान और बोलने की क्षमता का होना अनिवार्य है।

सामूहिक विचार-विमर्श में अंकों का आधार

सामूहिक विचार-विमर्श में किस आधार पर अंक दिए जाते हैं? बोलने की अच्छी क्षमता के अतिरिक्त उम्मीदवार को और भी कुछ करना पड़ता है। अंक विभिन्न आधारों पर दिए जाते हैं; जैसे—

1. चर्चित विषय के बारे में क्या व्यक्ति को समझ है? वह कैसे इसकी व्याख्या करता है? क्या वह रचनात्मक जवाब देता है?
2. क्या अपने तर्क के लिए उसके पास अच्छे उदाहरण देने की योग्यता है?
3. क्या उसके पास विश्लेषण करने की क्षमता है? चर्चित विषय का कितने अच्छे ढंग से वह विश्लेषण कर सकता है?
4. क्या व्यक्ति के पास अपनी बात कहने की योग्यता है? जानकारी होने के अलावा क्या व्यक्ति अपने तथ्यों और विचारों को विश्वसनीय ढंग से प्रस्तुत कर सकता है?

इनमें से कुछ बातें बहुत आसान लगती हैं, पर वे होती नहीं हैं। सामूहिक विचार विमर्श में अच्छा करने के लिए आपको बहुत सारा आत्मविश्वास, विषय का ज्ञान और बोलने में प्रवीणता चाहिए होती है। ये महत्त्वपूर्ण योग्यताएं हैं, जो केवल अभ्यास से ही आ सकती हैं। अच्छा करने के लिए आपका विषय को समझना जरूरी है। अगर कोई संदेह हो तो विचार-विमर्श शुरू होने से पहले पूछने में हिचकिचाएं नहीं। विषय के विविध पहलुओं के बारे में सोचें। बोलते समय आपकी प्रथम टिप्पणी ध्यान आकर्षित करे। वाक्यों के साथ उदाहरण भी दें। दिए गए समय से ज्यादा न बोलें। याद रखें कि आपकी परीक्षा हो रही है।

करने योग्य बातें

1. सामूहिक विचार-विमर्श में विद्वता हासिल करने के लिए किसी स्कूल या कॉलेज के वाद-विवाद प्रतियोगिता समूह में शामिल हो जाएं।
2. भाषण प्रतियोगिता में भाग लें।
3. सामयिक मुद्दों की जानकारी रखने के लिए नियमित रूप से अखबार पढ़ें।

ध्यान देने योग्य बातें—

- ✦ सामूहिक विचार-विमर्श उम्मीदवार के ज्ञान तथा बोलने की क्षमता को मापते व परखते हैं।
- ✦ इन विचार विमर्शों में अच्छा करने के लिए विविध योग्यताओं की जरूरत होती है।
- ✦ सफल होने के लिए दृढ़ता से बोलें। वाक्यों की जगह उदाहरण पेश करें।
- ✦ लोगों के सामने बोलने के हर अवसर का लाभ उठाएं।

मंत्र 6: पांचवां चरण

साक्षात्कार

किसी विशेष पद के लिए साक्षात्कार बोलकर दी गई एक परीक्षा होता है। किसी व्यक्ति की योग्यता को परखने का यह एक महत्त्वपूर्ण तरीका है। जब लिखित परीक्षा के आधार पर किसी की योग्यता का आकलन करना पर्याप्त नहीं होता, तो अच्छे व्यक्ति का चयन करने का यही सही तरीका होता है। साक्षात्कार केवल व्यक्ति की योग्यता की परीक्षा ही नहीं है, वरन उसके पूरे व्यक्तित्व का आईना होता है।

साक्षात्कार का उद्देश्य

साक्षात्कार का उद्देश्य होता है ऐसा अवसर प्राप्त करना, जिससे परीक्षक या होने वाला नियोक्ता उम्मीदवार की योग्यता का निजी रूप से आकलन कर सके। इस उद्देश्य के लिए उम्मीदवार द्वारा दिए गए लिखित जवाब काफी नहीं होते हैं। साक्षात्कारकर्ता इस बात की तसल्ली कर लेना चाहता है कि जिन योग्यताओं की उम्मीदवार बात कर रहा है, वे क्या वास्तव में उसके पास हैं।

साक्षात्कारकर्ता समझता है कि कोई भी व्यक्ति मशीन नहीं है, जो मनचाहा काम कर पाएगा।

इसलिए किसी व्यक्ति की योग्यता को जानने के लिए उससे काम करवाना निहायत ही जरूरी है। उम्मीदवार अपने विषय को समझता है या नहीं,क्या वह सीखने की इच्छा रखता है, लचीला दृष्टिकोण रखता है कि नहीं और उसके विषय से संबंधित ज्ञान की जिन स्थितियों में जरूरत पड़ेगी, उन्हें वह संभालने योग्य है कि नहीं, यही जानना साक्षात्कार का मुख्य उद्देश्य होता है।

साक्षात्कार के प्रकार

स्थिति व जरूरत के अनुसार व्यक्ति का साक्षात्कार अलग-अलग तरह से लिया जा सकता है। उनका सामना कैसे किया जाए, यह समझना जरूरी है :

- **टेलीफोन पर साक्षात्कार :** ऐसा फोन पर बात करके होता है। पहले से तय किए गए समय में होता है। प्रसन्नता और आत्मविश्वास से आप बात करें, यही अच्छा होगा।

- **प्राथमिक साक्षात्कार :** लिखित परीक्षा के बाद यह परखने की प्रक्रिया होती है। इस समय महत्त्वपूर्ण प्रश्न नहीं भी पूछे जा सकते हैं। हालांकि फाइनल साक्षात्कार के लिए अच्छे ढंग से ही जवाब देने चाहिए।
- **मंडल साक्षात्कार :** सभी इस बात से अवगत हैं कि किसी उम्मीदवार का चयन करने से पहले ऐसा साक्षात्कार होता है, जिसमें विद्वानों की एक समिति प्रश्न पूछती है। इन साक्षात्कारों में आप पर कड़ी निगाह रखी जा रही होती है, इसलिए आपका व्यक्तित्व व बॉडी लैंग्वेज मायने रखते हैं। चेहरे पर मुस्कान बनाए रखें और साक्षात्कारकर्ता से आंखें मिलाकर बात करें। परिस्थिति कैसी भी हो, शांत रहें।
- **आनुक्रमिक साक्षात्कार :** विभिन्न विभागों से गठित एक समिति के द्वारा प्रश्न पूछने के बजाय उम्मीदवारों को एक विभाग से दूसरे विभाग में साक्षात्कार देने हेतु जाना पड़ता है। इन साक्षात्कारों में साक्षात्कारकर्ता की निजी सनक या पसंद मायने रखती है। उम्मीदवार को इस बात को लेकर सचेत रहना होगा।
- **योग्यता पर आधारित साक्षात्कार :** वोकेशनल इंस्टीट्यूशंस में योग्यता पर आधारित साक्षात्कार जरूरी होते हैं। उम्मीदवार से वास्तव में किसी बिक्री या स्थिति की नकल करने को कहा जा सकता है। ऐसे साक्षात्कार में उम्मीदवार को साक्षात्कार की अपेक्षाओं से अवगत होना चाहिए।

साक्षात्कार के लिए तैयारी

अगर कोई लिखित परीक्षा में पास हो जाता है, तो जाहिर है कि उसे साक्षात्कार के लिए बुलाया जाएगा। जब तक वह पत्र आए, तब तक अपना समय न बर्बाद करे बल्कि साक्षात्कार के लिए तैयारी करना शुरू कर दे। यह आपके और साक्षात्कारकर्ता या भावी नियोक्ता के बीच महत्त्वपूर्ण मीटिंग सिद्ध होगी। आपके लिए किसी नौकरी को पाना इसी पर टिका होता है। जबकि साक्षात्कारकर्ता को इससे आपकी योग्यता का आकलन करने और यह जानने का मौका मिलता है कि आप उसके लिए कितने फायदेमंद सिद्ध हो सकते हैं।

अपने भावी साक्षात्कारकर्ता की जरूरतों को समझने के लिए उस संस्था के बारे में सारी जानकारी एकत्र करें : उसकी शाखाओं, उत्पादन और सेवाओं के बारे में। अगर संभव हो तो उन जिम्मेदारी और सुविधाओं के बारे में भी जान लें, जो उस नौकरी के साथ जुड़ी हैं, जिसके लिए आपने आवेदन किया है। इन सूचनाओं को राष्ट्रीय पत्र, विज्ञापन साहित्य, पत्रिका, स्थानीय वितरक और स्थानीय विक्रेताओं

से भी हासिल किया जा सकता है। अन्य संस्थानों के बारे में भी जानकारी एकत्र करना उपयोगी सिद्ध होगा। इस तरह से तैयार होने से आप साक्षात्कार के दौरान पूछे जाने वाले प्रश्नों को समझकर उनका सही तरह से उत्तर देने की भी स्थिति में होंगे। हालांकि, अगर साक्षात्कारकर्ता कोई रुचि न दिखाए, तो उसे अपने ज्ञान के द्वारा प्रभावित करने की कोशिश न करें।

जब आपको साक्षात्कार के लिए बुलावा आए तो तुरंत उसकी स्वीकृति दें और पत्र में उल्लिखित जगह, तिथि तथा समय की दुबारा पुष्टि करें। क्या आपने अपने आवेदन में जिन दस्तावेजों का ज़िक्र किया है, उनकी मूल प्रति एक फाइल में लगी हुई है? अगर आप काम कर रहे हैं, तो पहले से ही आपको छुट्टी की अर्जी देनी होगी। हालांकि महत्त्वाकांक्षी युवाओं में और अच्छी नौकरी की तलाश करना एक स्वाभाविक प्रवृत्ति है, पर कई नियोक्ता इस बात को पसंद नहीं करते हैं। इसलिए, निजी मामलों को निबटाने के लिए ठीक तरह से छुट्टी मांगें।

साक्षात्कार के दौरान, साक्षात्कारकर्ता आवेदन में लिखे गए तथ्यों की पुष्टि करना चाहेगा। वह आपके ज्ञान, विशेष रुचि, और उपलब्धि, नई चीज को सीखने की क्षमता और किन्हीं विशेष स्थितियों में काम करने की इच्छा को भी परखना चाहेगा। कई नौकरियों में निर्णय लेने की क्षमता एक अहम पहलू होती है और वह आपकी इस क्षमता का भी आकलन करेगा। साक्षात्कार उसे आपकी आम छवि का आकलन करने का मौका देता है। साक्षात्कारकर्ता व्यक्ति के स्वास्थ्य व व्यक्तित्व में भी दिलचस्पी रखता है, जो उसके बैठने, कपड़े पहनने के तरीके और व्यवहार से परिलक्षित होता है। वह आपकी पहले की सफलता या असफलता के बारे में और उनका मुकाबला आपने कैसे किया, इसके बारे में भी पूछ सकता है। साक्षात्कारकर्ता के प्रश्नों का उत्तर और प्रतिक्रिया व्यक्त करने पर ही वह तय कर पाएगा कि आप उस नौकरी के लायक हैं भी कि नहीं।

याद रखने योग्य बातें

जब साक्षात्कार के लिए बुलाया जाता है, तो एक बात याद रखें कि इसका मुख्य उद्देश्य होता है, आपकी 'बॉडी लैंग्वेज' को जांचना। आपका मतलब कुछ हो और कहें कुछ और। हालांकि, ऐसा कोई बॉडी लैंग्वेज के साथ नहीं कर सकता है। वह हमेशा आपके बारे में सही प्रतिक्रिया ही करती है। आप जिस ढंग से हाथ मिलाते हैं, चलते हैं और बैठते हैं। वह सब आपके व्यक्तित्व के बारे में हजारों बातें बता देते हैं। आपके इशारे, बाजुओं को परस्पर जोड़ना, कुर्सी के किनारे पर

रखना या अपनी गोद में रखना, ये बातें भी महत्त्वपूर्ण हैं। आंखों में देखते हुए बात करना या साक्षात्कारकर्ता से आंखें चुराना भी आपके आत्मविश्वास के स्तर के बारे में बताता है। अच्छी छवि बनाने के लिए मुस्कराएं, प्रसन्न दिखें, आत्मविश्वास से चलें, सीधे बैठें और साक्षात्कारकर्ता से आंखें मिलाकर बात करें। इससे आपकी सफलता पर गहरा असर पड़ेगा।

उम्मीदवार साक्षात्कार में असफल क्यों हो जाते हैं?

कई उम्मीदवारों को इस बात पर हैरानी होती है कि वे साक्षात्कार में असफल क्यों हो जाते हैं कुछ आम कारणों के बारे में जानना आपके लिए जरूरी है :

- साक्षात्कार के उद्देश्य से अवगत न होने पर।
- साक्षात्कार में देर से पहुंचने पर।
- गंदे कपड़ों या बिना प्रेस किए कपड़े पहनकर जाने पर।
- एक लापरवाह परिधान और दृष्टिकोण।
- अच्छी आदतों की कमी।
- सही ढंग से अपनी बात न कह पाना।
- विषय का सही ज्ञान न होना।
- अवास्तविक महत्त्वाकांक्षा।
- बॉडी लैंग्वेज के महत्त्व को नकारना।
- आत्मविश्वास की कमी।

साक्षात्कार के दौरान आम तौर पर पूछे जाने वाले प्रश्न

1. हमें अपने, अपने परिवार, शिक्षा और अपेक्षाओं के बारे में बताएं?
2. आप हमारे संस्थान में नौकरी क्यों करना चाहते हैं?
3. आप हमारे साथ कितने अल्प या दीर्घ समय तक रहना चाहते हैं?
4. क्या भविष्य को लेकर कोई योजना है?
5. आपको किस तरह का काम पसंद है : डेस्क जॉब या फील्ड वर्क?
6. क्या आपने किसी और जगह भी आवेदन दिया है?
7. क्या आपकी कोई रुचि है?
8. क्या आप कंप्यूटर पर काम कर सकते हैं?

साक्षात्कार

दिए गए समय पर आपको साक्षात्कार होने वाली जगह पर पहुंच जाना चाहिए। सही ढंग से तैयार होकर जाएं। ध्यान रखें कि आप किसी पिकनिक या फैशन शो के लिए नहीं जा रहे हैं। स्वच्छ कपड़े या सूट पहनें। अगर मौसम या परिस्थितिवश आप यह नहीं पहन सकते, तो रंगीन पैंट के साथ सफेद कमीज पहनें और टाई बांधें। मैच करने के लिए काले या ब्राउन रंग के जूते पहनें। आपकी दाढ़ी बनी हुई होनी चाहिए, नाखून कटे हुए व बाल ढंग से बने हुए होने चाहिए। एक साफ फाइल में दस्तावेजों की मूल प्रतियां लगी होनी चाहिए। उन्हें अपनी जेब में या किसी लिफाफे में डालकर, मोड़-तरोड़कर न रखें।

साक्षात्कार के लिए पहुंचने के बाद रिसेपशिनिस्ट या अन्य किसी उम्मीदवार से घुलने-मिलने की कोशिश या दूसरों के नोट्स या डिग्रियों से अपनी तुलना करना न शुरू कर दें। इस सरल से तथ्य को नजरअंदाज न करें कि वे आपके प्रतिद्वंद्वी हैं। सिगरेट न पीएं। बुलावा आने तक अपना समय कोई किताब या अखबार पढ़कर बिता सकते हैं। अगर किताब पढ़ना चाहें तो गंदा साहित्य न पढ़ें। हो सकता है कि आपका साक्षात्कारकर्ता भी उसे पढ़ता हो, पर जब उम्मीदवार की बात आती है तो वह ऐसे लोगों को पसंद करता है, जो अच्छी किताबें पढ़ते हैं।

जब आपको साक्षात्कार के लिए बुलाया जाए तो याद रखें कि पहला प्रभाव डालना बहुत जरूरी है। एक लंबी सांस खींचते हुए मुस्कराते हुए अंदर प्रवेश करें। इससे घबराहट दूर करने में मदद मिलती है। समय के अनुसार साक्षात्कारकर्ता का अभिवादन करें। जब कहा जाए तभी बैठें। साक्षात्कारकर्ता को बातचीत शुरू करने दें। हो सकता है उन्हीं सवालों से बात करे, जिनका उत्तर वह पहले से जानता हो। इससे आपको भी राहत महसूस होगी। धीरे-धीरे वह अन्य सवाल करेगा। वह आपकी निजी योग्यता को जांचने के लिए किए जाएंगे। स्वयं बोलने की अपेक्षा वह आपसे सुनना चाहेगा, पर कभी उसे बीच में टोकें नहीं। धैर्य से उसकी बात सुनें और स्पष्ट भाषा में उसका उत्तर दें। साक्षात्कारकर्ता सिगरेट पेश करे, तब भी धूम्रपान न करें।

अगर आपने अपने आवेदन में किसी खास रुचियों का जिक्र किया है, तो किस तरह वे आपकी आशा और महत्त्वाकांक्षा को प्रभावित करती है, इस संदर्भ में साक्षात्कारकर्ता और जानकारी चाहेगा। अपनी रुचि के बारे में बात करते हुए केवल उतने ही अनुपात में उनके बारे में बताएं, जितने में साक्षात्कारकर्ता का फायदा होता हो। साक्षात्कार के दौरान परिवार की स्थितियों का जिक्र भी हो

सकता है। जब साक्षात्कारकर्ता किसी एक समस्या के बारे में अपना विचार व्यक्त करने के लिए कहे, तो उस स्थिति का लाभ अपने निजी दर्शन, ज्ञान बघारने या यह दिखाने के लिए न उठाएं कि आप कितने ज्ञानी और चतुर व्यक्ति हैं। प्रश्नों का उत्तर सरल शब्दों में दें, जिससे आपकी बात स्पष्ट हो जाए। यह न भूलें कि आपकी बोलने की क्षमता को परखा जा रहा है।

विशेष स्थितियों में साक्षात्कारकर्ता आपकी प्रक्रिया को आंकना चाहता हो, वह हो सकता है ऐसा करने के लिए आपको उत्तेजित करने वाले प्रश्न पूछे या विवादास्पद मुद्दों पर चर्चा करे। ऐसी स्थिति में बहुत धैर्य की जरूरत होती है। किसी भी स्थिति में उत्तेजित न हों। बिल्कुल शांत बने रहें और अपनी बात मुस्कुराते हुए कहें।

हर साक्षात्कारकर्ता गलतियों को पकड़ने में सक्षम होता है। वे निश्चित रूप से आपकी पिछली असफलता या कमजोरियों को लेकर सवाल पूछेंगे। उन्हें बेवकूफ बनाने की कोशिश न करें, बल्कि आराम से अपनी बात रखें। जिनके साथ आप काम कर रहे हैं, उन्हें दोष न दें। यह कहने की बजाय कि आपके वर्तमान नियोक्ता ने आपके लिए मुश्किलें खड़ी कर दी हैं, यह कहें कि स्थितियां अनुरूप नहीं हैं।

अगर साक्षात्कारकर्ता आपसे किसी विषय के बारे में पूछता है और आप उसके बारे में नहीं जानते तो अपनी अज्ञानता के बारे में बताने में संकोच न करें। अगर किसी महत्त्वपूर्ण चीज से आप अवगत नहीं हैं, तो भी उन्हें बताकर क्षमा मांग लें। आपकी ईमानदारी को सराहा जाएगा। साक्षात्कारकर्ता भी मनुष्य होते हैं और उनकी अपनी सनक और रुचि होती है। साथ ही उनके पास योग्य लोगों को पहचानने की नजर होती है। वे तुरंत नहीं बताएंगे कि आपको चुना गया है कि नहीं। बात खत्म करने से पहले साक्षात्कारकर्ता आपसे पूछेगा कि आप किसी विशेष चीज के बारे में जानना चाहते हैं। अगर मन में कोई संशय हो, उसे पूछकर इस अवसर का लाभ उठा सकते हैं, पर बिल्कुल संक्षिप्त रूप से।

विचारें

साक्षात्कार में न तो बहुत तेज बोलें न बहुत धीरे।

साक्षात्कार में सफलता

साक्षात्कार में सफल होने के लिए उसका उद्देश्य जानना जरूरी है। निश्चित उद्देश्य पूरा करने के लिए नीतियां तय करें। बताए गए सामान्य नियमों का पालन करें।

अपनी तारीफ स्वयं न करें, पर याद रखें कि जिस तरह साक्षात्कारकर्ता के लिए साक्षात्कार आपको जांचने का अवसर होता है, उसी तरह आपके लिए भी अपनी योग्यता को बताने का अवसर होता है। आप जैसे हैं वैसे ही स्वयं को दर्शाएं। आपको साक्षात्कारकर्ता को यह यकीन दिलाना होगा कि आपको चुनकर उसे फायदा ही होगा।

ध्यान देने योग्य बातें—

- ✦ किसी पद के लिए साक्षात्कार एक बोलने वाली परीक्षा होती है।
- ✦ उम्मीदवार की निजी योग्यता को जानने के लिए साक्षात्कारकर्ता इसका प्रयोग करता है।
- ✦ अनेक तरह के साक्षात्कार होते हैं।
- ✦ साक्षात्कार के लिए पहले से की गई तैयारी हमेशा फायदेमंद सिद्ध होती है।
- ✦ साक्षात्कार में बॉडी लैंग्वेंज जरूरी है। वह आपके बारे में स्पष्ट रूप से त्रताती है।
- ✦ हलकी सी गलती साक्षात्कार को खराब कर सकती है।
- ✦ साक्षात्कार के दौरान सकारात्मक छवि प्रस्तुत करना महत्त्वपूर्ण है।
- ✦ साक्षात्कार उम्मीदवार को अपनी योग्यता को बेचने का अच्छा अवसर देता है।

मंत्र 6: छठा चरण

स्वास्थ्य परीक्षण

स्वास्थ्य परीक्षण किसी व्यक्ति के स्वास्थ्य की जांच करना होता है। कई प्रतियोगी परीक्षाओं में लिखित परीक्षा व साक्षात्कार के अलावा स्वास्थ्य परीक्षा भी उतनी ही महत्त्वपूर्ण होती है। स्वास्थ्य परीक्षा का मुख्य कारण यह है कि कुछ नौकरियों में स्वास्थ्य का ठीक होना निहायत ही जरूरी होता है। ऐसा खासकर रक्षा सेवा, पुलिस सेवा और अन्य ऐसी ही नौकरियों में किया जाता है। यहां तक कि प्राइवेट क्षेत्रों में जहां कंपनियां कर्मचारियों को स्वास्थ्य सेवाएं प्रदान करती हैं, वे भी नौकरी देने से पहले स्वास्थ्य परीक्षा कराने पर जोर देती हैं।

स्वास्थ्य परीक्षा में सफल होने के लिए उम्मीदवार क्या करे? उत्तर सरल है, आप अच्छा स्वास्थ्य रखें। यानी स्वास्थ्य के प्रति सजग रहें। आपको पौष्टिक भोजन, पर्याप्त अभ्यास और अच्छी आदतों की जरूरत का अहसास होना चाहिए।

जो युवा बाहरी गतिविधियों में हिस्सा लेते हैं उनका स्वास्थ्य अच्छा रहता है। फिर भी कुछ लोगों को ही यह बात पता होती है कि कुछ नौकरियों में आंखों की अच्छी दृष्टि की भी आवश्यकता होती है। यह निश्चित करना ठीक रहता है कि हर चीज ठीक है।

स्वास्थ्य परीक्षा में सफल होने के लिए अंतिम क्षण तक इंतजार न करें। डॉक्टर के पास जाकर जांच करवाएं कि आपकी लंबाई के अनुसार क्या आपका वजन अनुपात में है? अपने रक्तचाप और श्वास तंत्र की जांच करवाएं।

आंखों की रोशनी जांचें। कई लोग इस बात से अनजान हैं कि रंगों की सही पहचान न होने पर भी उम्मीदवार को अस्वीकृत कर दिया जाता है। इसके लिए किसी आंखों के विशेषज्ञ के पास जाने की जरूरत होती है। अगर डॉक्टर परामर्श दे, तो आप छाती का एक्स-रे तथा रक्त व मूत्र की भी जांच करवा सकते हैं।

इस प्राथमिक जांच का उद्देश्य होता है, यह तय कर लेना कि आप लिखित परीक्षा व साक्षात्कार में जाने लायक हैं या नहीं।

ऐसा भी कई बार हुआ है कि जब परीक्षा में उम्मीदवार का चयन हो जाता है, तो स्वास्थ्य परीक्षा के आधार पर उसे अयोग्य करार कर दिया जाता है। यह बहुत निराशाजनक बात हो सकती है। इसलिए अंत तक इस परीक्षा को नज़रअंदाज न करें। इसकी जांच आज ही करवाएं।

ध्यान देने योग्य बातें—

- स्वास्थ्य परीक्षण किसी के स्वास्थ्य की परीक्षा होती है।
- कई नौकरियों के लिए स्वास्थ्य परीक्षण अनिवार्य होता है।
- जो व्यक्ति शारीरिक रूप से फिट होते हैं, वह स्वास्थ्य परीक्षण में ठीक रहते हैं।
- बाद में निराशा से बचने के लिए पहले ही स्वास्थ्य परीक्षण करवाना ठीक रहता है।

मंत्र 7

बेहतर प्रदर्शन करें

जब कोई व्यक्ति अपने लक्ष्य और स्वयं के बारे में जानता है, और किसी विशेष स्थिति की जरूरत को पूरा करने के लिए अनिवार्य क्षमताओं को अपना लेता है, तो आखिरी चरण होता है बेहतर ढंग से कार्य करके दिखाना। सर्वांगीण विकास का उद्देश्य हमेशा एक ही होता है : बेहतर करने की क्षमता का होना।

अच्छा करने के लिए हर कोई यह जानना चाहता है कि क्या चीजों को आसान बनाने के लिए कोई चीज उपलब्ध है? क्या राह में कोई रुकावट पैदा हो सकती है? तनाव और उत्तेजना का क्या होगा? क्या सभी इसका अनुभव करते हैं? आप कैसे उन्हें आपके कार्य की क्षमता को गिराने से रोक सकते हैं? इन समस्याओं के साथ यह भी जानने की जरूरत होती है कि तैयारी करने के लिए दिए गए समय का उपयोग किस तरह बेहतर ढंग से किया जा सकता है।

अंततः, अपना बेहतर कार्य दिखाने का वक्त आ जाता है। इससे सफलता मिलती है। आपको वह मिल जाता है, जिसके लिए आपने लक्ष्य तय किया था- 'परीक्षाओं में अव्वल आने का।'

मंत्र 7: पहला चरण

बेहतर तैयारी के लिए सहयोग

प्रत्येक वर्ष होने वाली परीक्षाओं को देखते हुए, परीक्षा में बैठने की तैयारी करवाने के लिए, जरूरतों को पूरा करने में एक पूरा क्षेत्र लगा है। इस क्षेत्र को चलाने के लिए हजारों लोग काम में जुटे हैं। क्या कोई भी पढ़ाई से जुड़ी मदद आपको परीक्षा में अव्वल ला सकती है? अपनी परिस्थितियों को ध्यान में रखते हुए आपको इस प्रश्न का उत्तर देना होगा। इस क्षेत्र का मुख्य उद्देश्य है, आपको इस तरह मदद करना ताकि आप परीक्षा में अच्छा कर सकें। अनगिनत तरीके सुझाए जाते हैं। इनका प्रयोग करने से पहले आपका उनको समझना आवश्यक है।

कोचिंग केन्द्र

चूंकि स्कूल और कॉलेज की पढ़ाई पाठ्यक्रम के अनुसार और सामूहिक रूप से कराई जाती है, इसलिए वह किसी खास प्रतियोगी परीक्षा में व्यक्ति को पारंगत नहीं बना पाती है। इस कमी को दूर करने के लिए, न सिर्फ बड़े शहरों में वरन छोटे शहरों में भी अनगिनत कोचिंग केन्द्र खुले हुए हैं। कोचिंग केन्द्र आजकल बड़ा व्यापार कर रही हैं। वे राष्ट्रीय, राज्य और स्थानीय स्तर पर खुले हुए हैं। कड़े अभ्यास के द्वारा बहुत सी तैयारी करवाना ही इन कोचिंग केंद्रों का मकसद होता है। कुछ कोचिंग केंद्रों की फीस ज्यादा हो सकती है। प्रवेश लेने से पहले ठीक प्रकार से पता कर लें। अपने क्षेत्र के संस्थानों में जाएं। छात्रों से बात करें। अध्यापकों के बारे में उनकी राय लें। फीस के बारे में जानकारी लें। कई बार इसे कम भी करवाया जा सकता है। देखें कि आपको सही चीज मिले। संस्थान चाहे कोई हो, यह जरूरी नहीं कि वह आपको सफलता दिला ही दे। महत्त्वपूर्ण यह है कि आप कैसे उस प्रशिक्षण का फायदा उठाते हैं और कड़े अभ्यास के द्वारा अपने को किसी खास परीक्षा के लिए तैयार करें।

प्रतियोगी परीक्षा पर पत्रिकाएं

जो छात्र प्रतियोगी परीक्षा की तैयारी कर रहे हैं, उनके लिए बाजार ऐसी पत्रिकाओं से भरा पड़ा है। कई तो पुस्तकालय में भी उपलब्ध होती हैं। कई दुकानदार जो

पाठ्यपुस्तकें बेचते हैं, वे भी इन्हें रखते हैं। अकसर छात्र एक-एक पत्रिका ले लेते हैं और समूह में एक-दूसरे को वे देते रहते हैं। इन पत्रिकाओं में आगामी परीक्षाओं की जानकारी, किसी परीक्षा की तैयारी कैसे करें? इस पर लेख, विभिन्न तरह के प्रश्न और पुराने प्रश्न होते हैं, जिनका आप अभ्यास कर सकते हैं। विशेष दरों पर पत्रिकाओं की पुरानी प्रतियां भी उपलब्ध होती हैं। जो आपकी जरूरत को पूरा करे, आप उस पत्रिका को ले सकते हैं।

परीक्षा संबंधी किताबें

पत्रिकाओं की तरह परीक्षा संबंधी अनगिनत पुस्तकें उपलब्ध हैं। विषय में फर्क हो सकता है, जैसे सी.बी.एस.ई. की किताबें, स्नातकोत्तर और आई.ए.एस. पर पुस्तकें। ये पुस्तकें परीक्षा की तैयारी में उपयोगी सिद्ध हो सकती हैं। हालांकि, खतरा इस बात का होता है कि जो किताबें पाठ्यक्रम का हिस्सा होती हैं, उन्हें पढ़ने के बजाय वे इन पर ज्यादा भरोसा कर लेते हैं। ये किताबें छात्रों को नोट्स बनाने से रोकती हैं। इसी वजह से पढ़ाई उतनी अच्छी नहीं होती, जितनी कि होनी चाहिए। कई छात्र इन किताबों पर निर्भर रहते हुए परीक्षा पास अवश्य कर लेते हैं, पर बिना पूरी पढ़ाई व नोट्स बनाए परीक्षा में अव्वल आना संभव नहीं है।

इंटरनेट

इंटरनेट, सूचना और ज्ञान का एक ऐसा स्रोत है, जो कुछ वर्ष पहले नहीं था। हालांकि स्कूल के बच्चे इंटरनेट का प्रयोग भी दूसरों की तरह कर रहे हैं, पर उनकी रुचि केवल स्कूल की किताबों तक ही सीमित हो सकती है। यद्यपि इंटरनेट बहुत सा ज्ञान प्राप्त करने का अवसर देता है। जिनके पास घर में कंप्यूटर नहीं है, वे साइबर कैफे में जाकर इसका प्रयोग कर सकते हैं।

इन साइटों में अपनी रुचि के अध्ययन को ढूंढ़ने की कोशिश करें :

- www.howtostudy.com
- www.mathgoodies.com
- www.free-ed.net
- www.rivendel.com
- www.worldwidelearn.com
- www.allexperts.com

परीक्षा में अव्वल आने के लिए किसी किस्म का सहयोग निस्संदेह आपकी मदद कर सकता है। पर निजी अध्ययन और कड़ी मेहनत का कोई विकल्प नहीं है। एक अच्छा नियम : जहां संभव हो, सहयोग का प्रयोग करें, पर पूर्णतया उन पर निर्भर न हों।

ध्यान देने योग्य बातें—

- छात्रों के लिए एक व्यापक क्षेत्र सहयोग जुटाने में लगा है।
- प्रतियोगी परीक्षा के लिए कुछ कोचिंग अनिवार्य है।
- ध्यान से किसी कोचिंग इन्स्टीट्यूट का चयन करें।
- पत्रिकाएं प्रतियोगी परीक्षा के लिए उपयोगी हो सकती हैं।
- पूर्ण रूप से इन पर निर्भर न रहें।
- अभ्यास व कड़ी मेहनत का कोई विकल्प नहीं है।

मंत्र 7: दूसरा चरण

परीक्षा की उत्तेजना और तनाव

सारी परीक्षाओं से उत्तेजना और तनाव होता है। यह केवल युवाओं के लिए ही सच नहीं है, वरन बड़ों के लिए भी है, जो विभिन्न परीक्षाओं की तैयारी कर रहे होते हैं। असफल होने का डर ही इस उत्तेजना और तनाव का मुख्य कारण होता है।

असफलता का संबंध अपमान से है और कोई भी अपमानित नहीं होना चाहता है। यहां तक कि जिन बच्चों ने अभी स्कूल जाना शुरू किया है, वे भी नहीं। अगर सकारात्मक रूप से देखा जाए, तो यह उत्तेजना और तनाव एक तरह से अच्छा है; क्योंकि असफल होने के अपमान से बचने के लिए यह व्यक्ति को ज्यादा मेहनत करने के लिए प्रेरित करता है। पर नकारात्मक रूप से देखा जाए तो दोनों उत्तेजना और तनाव स्वास्थ्य समस्या उत्पन्न कर सकते हैं। पाचन तंत्र इससे प्रभावित हो सकता है। याददाश्त कम हो सकती है या नींद न आने की बीमारी हो सकती है।

परीक्षा में बैठने वाले हर व्यक्ति को उत्तेजना और तनाव के दोनों पक्षों से अवगत होना चाहिए। जब इंसान में आत्मविश्वास होता है, तब यह खत्म हो जाता है। यह अनुशासन और अच्छी तैयारी करने से आता है। हमने पहले भी इन बातों पर चर्चा की है। बेहतर आत्मविश्वास विकसित करने का एक ही तरीका है कि किसी विषय या किसी योग्यता का अभ्यास किया जाए। अगर व्यक्ति की पहली प्राथमिकता शैक्षणिक सफलता पाना हो, तो भी उत्तेजना और तनाव से बचने के लिए हर तरह के मनोरंजक गतिविधियों में हिस्सा लेना चाहिए। इन गतिविधियों के बीच में आराम करने की जरूरत उतनी ही अनिवार्य है। पहले हमने पर्याप्त नींद के बारे में भी बात की थी। हर कोई जो उत्तेजना और तनाव के नकारात्मक पक्ष से बचना चाहता है, उसके लिए एक सुव्यवस्थित कार्यतालिका रखना बहुत जरूरी है।

उस समय जब हर कोई तुरंत राहत पाने की चाह कर रहा होता है, तो छात्र सोचने लगते हैं कि परीक्षा से जुड़े उत्तेजना और तनाव से बचने के लिए क्या कोई दवा ली जा सकती है। ये दवाइयां कुछ समय के लिए तो आराम पहुंचा सकती

हैं, पर युवाओं के लिए उन्हें लेना ठीक नहीं है। समय-समय पर छात्रों को परीक्षा देने जाना होता है। अगर वे ये दवाइयां लेना शुरू कर देंगे, तो उन्हें उनके नशे की आदत पड़ सकती है।

गहरी सांस लेते हुए व्यायाम-प्राणायाम करना, घर से बाहर जाकर खेलना, ध्यान योग और प्रार्थना करने से उत्तेजना और तनाव से बचने में मदद मिलती है। यहां तक कि घर में रहकर कुछ सृजनात्मक कार्य करने से भी राहत मिलती है। टी.वी. देखने और अच्छा संगीत सुनने से भी तनाव से राहत मिलती है। चूंकि प्रत्येक व्यक्ति अपने आप में अनोखा होता है और अलग-अलग चीजें उसके अंदर विभिन्न तरह की प्रतिक्रियाएं उत्पन्न करती हैं इसलिए प्रत्येक व्यक्ति को यह निर्णय लेना चाहिए कि उसके लिए क्या बेहतर है?

ध्यान देने योग्य बातें—

- हर तरह की परीक्षा से उत्तेजना और तनाव होता है।
- असफलता का डर उत्तेजना और तनाव का मुख्य कारण है।
- तनाव के सकारात्मक और नकारात्मक दोनों पक्ष होते हैं।
- नकारात्मक प्रतिक्रियाओं से बचने के लिए तनाव से कैसे बचा जाए, यह सीखना जरूरी है।
- कार्य की ऐसी तालिका बनाएं, जिसमें तनाव से बचने के लिए भी गतिविधियां हों।
- आराम या नींद के मामले में कभी समझौता न करें।

मंत्र 7: तीसरा चरण

परीक्षा की तैयारी

कुछ स्कूल और कॉलेजों में परीक्षा से पहले तैयारी करने की छुट्टियां देना अनिवार्य है। दो हफ्ते की इन छुट्टियों का प्रयोग इसी उद्देश्य के लिए करना चाहिए। जो आपने पढ़ा है, उसे दोहराने का समय यही होता है। परीक्षा कब होनी हैं, उसका समय व तिथि नोट कर लें। सही जगह पर उसे चिपका दें। देखें कि हर विषय से संबंधित पाठ्यक्रम पूरा हो गया है कि नहीं। विषय के अनुसार किताबें और नोटबुक अपने पास तैयार रखें। हर विषय के बारे में स्वयं अपनी तैयारी का आकलन करें। क्या आपको हर विषय की समान रूप से तैयारी करने की जरूरत है? या किसी विषय के लिए ज्यादा मेहनत करने की जरूरत है?

चूंकि इन दो हफ्तों का उपयोग सिर्फ आपको परीक्षा की तैयारी करने में करना है, इसलिए पढ़ाई की नई समयसारिणी बनाएं। ऐसा करते समय पहले बताए गए नियमों का पालन करें। बहुत देर तक किसी विषय को न पढ़ें। बोरियत से बचने के लिए दूसरे विषय भी पढ़ें। बीच-बीच में आराम करते रहें, नींद लें। तनाव को बनने न दें। इस समय की तुलना 'करो या मरो' की स्थिति से न करें। सामान्य जीवन जीएं। केवल जो आपको अतिरिक्त समय मिला है, उसे पढ़ने में व्यतीत करें। यह जरूरी है कि जब आप परीक्षा देने जाएं तो बिल्कुल तनावरहित हों।

अगर आप पहले बताई गई तकनीक का पालन कर रहे हैं, तो आप ठीक तरह से परीक्षा की तैयारी कर चुके हैं। अगर आप निजी नोट्स बनाते रहे हैं, तो याद करना और भी आसान हो जाएगा। आवश्यक विषयों पर नोट्स पढ़ने के बाद किताब पढ़ें। अतिरिक्त किताबें पढ़कर स्वयं को उलझन में न डालें। चूंकि परीक्षा में लिखना होता है, इसलिए केवल पढ़ने में ही समय न बिताएं। रोज कुछ लिखें भी अवश्य। अगर आप दो हफ्तों तक कुछ नहीं लिखेंगे, तो जब आप परीक्षा देने पहुंचेंगे तो आपको अहसास होगा कि आपका अभ्यास छूट जाने से आपके लिए लिखना मुश्किल हो रहा है।

अगर आप ऐसे संस्थान में परीक्षा देने जा रहे हैं, जिसके बारे में आप जानते नहीं हैं, तो परीक्षा से एक दिन पहले वहां जरूर जाएं। हमेशा आखिरी मिनट में

परेशानियां खड़ी हो जाती हैं और उन्हें झेलने को उस समय तैयार नहीं होते।

छुट्टी के आखिरी एक-दो दिन का प्रयोग पहली परीक्षा के विषय को दोहराने के लिए करें। परीक्षा से पहले शाम को पढ़ना बंद कर दें। अपने पेन, पेंसिल और अन्य चीजें तैयार कर लें। अपने साथ एक अतिरिक्त पेन ले जाएं। अगर पानी की बोतल ले जाने की अनुमति हो, तो साथ ले जाएं। परीक्षा के दौरान कुछ घूंट पानी पीने से राहत मिलती है। जल्दी सो जाएं। आप अगली सुबह जल्दी उठ सकते हैं। नहाकर तैयार हो जाएं। एक नजर अगर नोट्स पर डालना चाहें तो उन्हें पढ़ें। परीक्षा से एक घंटा पहले कुछ न करें। अगर तनाव महसूस हो तो लंबी सांस लें। मित्रों के साथ मजाक करें। शांत रहें।

विचारें

परीक्षा में गति और स्पष्टता के बीच संतुलन रखना बहुत महत्त्वपूर्ण है।

पहली परीक्षा के बाद दूसरी परीक्षा की तैयारी में जुट जाएं। अगर समय हो तो परीक्षा खत्म होने पर तनावमुक्त होते ही आराम करें, सैर करें, दोस्तों से मिलें या टी.वी. देख लें। जब आराम महसूस करें, तो फिर से अगली परीक्षा की तैयारी में जुट जाएं।

ध्यान देने योग्य बातें—

- अपने ज्ञान को दोहराने के लिए छुट्टियों का प्रयोग तैयारी करने में करें।
- इस समय के लिए पढ़ाई का एक समय तय करें।
- अलग-अलग विषय पढ़ें। पढ़ने और लिखने का काम भी करें।
- तनाव न उत्पन्न होने दें।
- परीक्षा देने जाते समय तनावमुक्त और शांत रहें।

मंत्र 7: चौथा चरण

परीक्षा

परीक्षा वाले दिन यह निश्चित कर लें कि उस दिन आप जल्दी उठें, तैयार हो जाएं, आवश्यक सामग्री लेकर परीक्षा भवन पहुंच जाएं। मित्रों से किसी बात पर चर्चा करके अपने को उलझाएं नहीं। कुछ समय पहले रेस्टरूम में जाएं, पानी पीएं और शांत बने रहें। नियत समय से पांच मिनट पहले परीक्षा भवन के गेट पर पहुंच जाएं। अंदर पहुंचकर अपने डेस्क पर बैठ जाएं। उत्तर-पुस्तिका पर अपना नाम और रोल नंबर लिखें। वह साफ और स्पष्ट रूप से लिखा हुआ हो। अनिवार्य हो तो अन्य बातें लिखें।

प्रश्न पत्र

प्रश्न पत्र मिलते ही उत्तर लिखना न शुरू कर दें। यह सच है कि आपके पास सीमित समय होता है और हर मिनट कीमती होता है। पर प्रश्न पत्र को अच्छे से पढ़ने व समझने में बिताए पांच मिनट भी महत्त्वपूर्ण सिद्ध होते हैं। किसी अन्य कारण की अपेक्षा गलत ढंग से प्रश्न की व्याख्या करने से अंक ज्यादा कटते हैं। अगर आपको लगे कि प्रश्न पत्र आसान है, तो उत्तेजित न हों। अगर मुश्किल लगे तो उलझन में न पड़ें। शांत रहें। पढ़ते हुए अपनी नीति तय करें। पेपर में कितने प्रश्न हैं? उनमें कितनों का उत्तर देना है? जल्दबाजी में चयन न करें। सोचें, आपको किससे फायदा होगा। हर प्रश्न का उत्तर देने के लिए कितना समय उपलब्ध है?

समय प्रबंधन जरूरी है। जैसे आपको अगर पांच प्रश्नों का उत्तर तीन घंटे में देना है यानी आपके पास 180 मिनट हैं, तो हर प्रश्न का उत्तर देने के लिए आपके पास 36 मिनट हैं। पूरे समय में से पांच मिनट प्रश्न पत्र को अच्छे से पढ़ने और समझने में लगा दें। आखिर में पेपर को दुबारा जांचने के लिए पंद्रह मिनट रखें। इससे आपके पास हर प्रश्न का उत्तर देने के लिए 32 मिनट रहेंगे। ऐसी स्थिति में यही अच्छा रहेगा कि आप हर प्रश्न के लिए तीस मिनट लें। बाकी के दस मिनट किसी लंबे उत्तर को लिखने के लिए रखे जा सकते हैं।

जब छात्र प्रश्न पढ़ते हैं तो प्रश्न के विषय को ढूंढ़ना उनकी प्रवृत्ति होती है। वे यह जानना चाहते हैं कि उन्हें कितनी अच्छी तरह से आता है। हालांकि,

महत्त्वपूर्ण बात तो यह होनी चाहिए कि परीक्षक विषय के बारे में क्या जानना चाहता है? प्रश्नों में मुख्य शब्दों को चिह्नित करें। कुछ आम शब्द और वाक्य इस प्रकार हैं :

- विस्तृत रूप से व्याख्या करें...
- तुलना कर मिलाएं...और...
- सिद्ध करें...
- आपकी इस बारे में क्या राय है...
- इस पर संक्षिप्त नोट्स लिखें...
- विस्तृत रूप से चर्चा करें...
- आप इसकी व्याख्या कैसे करेंगे... ?
- इन दोनों के बीच का अंतर बताएं...
- इससे तुलना करें...
- वर्णन करें...
- उदाहरण दें...

प्रश्न बनाने का परीक्षकों का अपना तरीका होता है। सिर्फ थोड़ा बहुत शब्दों का हेर-फेर होता है। मुख्य शब्दों को देखें। यह आपको समझना है कि प्रश्न के माध्यम से परीक्षक आपसे क्या चाहता है। उत्तर-पुस्तिका के बाईं ओर जगह छोड़ें। सुविधा के लिए आप आरंभ में प्रश्न लिख सकते हैं। अगर समय लगे तो आप प्रश्न का नंबर डाल सीधा लिखना भी शुरू कर सकते हैं। उत्तर को एक उचित शीर्षक देने के बाद लिखना शुरू करें।

यह दोहराना बेकार है, पर अच्छी लिखावट में लिखें। आपकी लिखने की योग्यता की भी जांच हो रही है। उचित शब्दों का प्रयोग करें। वर्तनी और व्याकरण पर ध्यान दें। ऐसे लिखें जैसे आप उस व्यक्ति को विषय के बारे में बता रहे हैं, जो इसके बारे में कुछ नहीं जानता। आकर्षक भूमिका लिखें। अनुच्छेदों में विभाजित करके एक-एक बिंदु की व्याख्या करें। एक स्पष्ट अंत से खत्म करें।

घड़ी पर नजर रखें। अगर आप तीस मिनट की अपेक्षा पच्चीस मिनट में उत्तर लिख लेते हैं, तो ग्लानि न महसूस करें। अगर लिखते-लिखते आपको लगे कि समय कम है, तो मुख्य बिंदुओं पर केवल चर्चा कर संक्षिप्त में लिखें। जैसे उत्तर का अंत करते हैं, वैसे ही करें। अगर समय से ज्यादा कुछ वक्त लगे, तो इसे गलत न समझें। जो फालतू समय हमारे पास है, वह इस कमी को पूरा कर देगा।

अगर प्रश्न के कई हिस्से हों जैसे- इस पर संक्षिप्त नोट लिखें...और आपको चार प्रश्नों के उत्तर देने हैं, तो उन्हें आपको तीस मिनट में ही पूरा करना होगा। उत्तर बड़ा न हो, ताकि हर नोट सात से आठ मिनट में लिख सकें।

जब तक आप हर प्रश्न के लिए एक नियत समय तय करके नहीं रखेंगे, तब तक आप पांच प्रश्नों के उत्तर नहीं लिख पाएंगे। अगर एक भी छूट गया तो बीस प्रतिशत अंक कट जाएंगे। जो छात्र अव्वल आना चाहते हैं, वे ऐसा कभी नहीं करना चाहेंगे। घड़ी पर नजर रखे रहें। बहुत धीरे लिखने की तुलना में जो समस्या ज्यादा उत्पन्न होती है वह है, समय से पहले लिखकर खत्म करने की होड़। कुछ इस तरह से लिखने की कोशिश करते हैं, मानो वे किसी रेस में हिस्सा ले रहे हैं। तेज गति से लिखने से लिखाई बिगड़ सकती है। जल्दी खत्म करने के कोई अतिरिक्त अंक नहीं मिलेंगे। इसलिए, अपना पूरा समय लें। अगर कुछ समय बाकी हो, तो पेपर पर एक नजर डाल लें। देख लें कि आपसे कुछ छूटा तो नहीं है।

अगर किसी उत्तर में आपको चित्र बनाना हो, तो उसी समय में बनाना होगा। कम समय में हो सकता है, चित्र बिल्कुल सही न बने। पर ऐसा होना चाहिए कि वह विषय की व्याख्या करे और परीक्षक को लगे कि आपको विषय का ज्ञान है। पेपर लिखने के बाद पुनः जांच करें कि कोई गलती तो नहीं रह गई है। असावधानीपूर्वक की गई गलतियों से अंक कट जाते हैं। पुनः जांचें। अगर कुछ सुधार करना है, तो सफाई से लिखें। जब आपको यह तसल्ली हो जाए कि आपने अच्छी तरह से पेपर किया है, तभी उसे परीक्षक को सौंपें।

समस्यामूलक स्थितियां

कई बार ऐसा होता है कि परीक्षार्थी ने सही ढंग से आराम नहीं किया होता है और जब वह पेपर देखता है, तो उसे लगता है कि उसे कुछ नहीं आता है। परीक्षार्थी के दृष्टिकोण से यह बहुत ही गंभीर स्थिति है। कोई गोली या पानी पीने या लंबी सांस लेने से तुरंत राहत मिल जाती है। पूर्ण आराम केवल आराम, तनावमुक्ति और नींद से ही मिलता है। अगर स्थिति गंभीर न भी हो, तब भी लंबी सांस लेने और पानी पीने से राहत महसूस होती है। चूंकि दिमाग मुख्य नियंत्रक अवयव है, इसलिए आत्मविश्वास की कमी होने तथा सही ढंग से तैयारी न करने की वजह से समस्या उत्पन्न होती है। राहत पाने के लिए आपको पहले बताई गई दीर्घकालीन तैयारियों का पालन करना चाहिए।

परीक्षा के बाद

परीक्षा खत्म हो जाने के बाद छात्र आपस में मिलते हैं, तो सबसे पहले वे एक-दूसरे से उत्तरों के बारे में पूछते हैं और जानना चाहते हैं कि उन्होंने कितना ठीक किया है। जितना संभव हो ऐसा करने से बचें। उत्तर-पुस्तिका एक बार दिए जाने के बाद कुछ नहीं हो सकता। तुलना करने से उलझनें और संदेह ही बढ़ते हैं। यह कई बार बहुत निराशाजनक सिद्ध होता है और इससे आपके अगले पेपर पर भी असर पड़ सकता है।

परीक्षा के बाद सीधे घर जाकर आराम करें। अगर आप जांचना चाहते कि आपने पेपर कैसा किया है, तो स्वयं जांचें। अपना आकलन करें। आप जो पा सकें हैं, उसके लिए ईश्वर को धन्यवाद दें। स्वयं को प्रेरित करते रहें। आपको अगले पेपर की तैयारी में जुटना है।

ध्यान देने योग्य बातें—

- पूरी तैयारी के साथ परीक्षा भवन में परीक्षा से थोड़ा पहले पहुंच जाएं।
- प्रश्न पत्र को सावधानी से पढ़ें। प्रश्नों में छिपे मुख्य शब्दों को देखें।
- अगर अच्छे अंक पाना चाहते हैं, तो समय प्रबंधन जरूरी है।
- प्रश्नों का उत्तर अच्छे से देने का भरसक प्रयास करें।
- जहां अनिवार्यता हो, वहां चित्र बनाएं।
- समस्यामूलक स्थितियों से बचें।
- परीक्षा खत्म होने के बाद तनावमुक्त होकर घर जाएं। नोट्स का मिलान न करें।

मंत्र 7: पांचवां चरण

परीक्षा में सफलता

ऐसा कोई भी फॉर्मूला नहीं है, जिससे आपको परीक्षा में सफलता मिल जाए। परीक्षा में सफलता अनेक छोटी-छोटी चीजों को मिलाकर मिलती है।

अगर आप इन सात मंत्रों का पालन करेंगे, तो किसी भी समय सफल हो जाएंगे। आप अपनी दिशा से अवगत हैं। आप अपनी योग्यता को जानते हैं। समय के साथ जब आप सीखने, सुनने और अन्य योग्यता को विकसित कर लेंगे, तो आप ऐसी पढ़ाई की आदत विकसित कर पाएंगे, जिससे आप हर समय विजेता बने रहेंगे। अच्छी आदत जीवनपर्यन्त रहती हैं।

परीक्षा विभिन्न तरह और स्थितियों में हो सकती हैं। नई विकसित क्षमता के साथ आप परीक्षाओं की बदलती जरूरत के हिसाब से स्वयं को हर स्थिति में ढाल पाएंगे। एक सकारात्मक दृष्टिकोण, एक उच्चस्तरीय प्रेरणा और बेहतर प्रदर्शन करने की इच्छा से आप कभी भी सफल हो सकते हैं। इनमें से किसी भी मंत्र का पालन नहीं किया गया, तो आप असुरक्षित महसूस करेंगे।

कई बार जब आप अपनी अपेक्षाओं पर खरे न उतर पाएं, तो चिंता न करें। तैयारी के साथ ज्यादा आत्मविश्वास आ जाना स्वाभाविक है। यह ज्यादा आत्मविश्वास आपको अज्ञानी बना सकता है और आपको असफलता का सामना करना पड़ सकता है। कोई तब तक असफल नहीं होता, जब तक कि वह उसे स्वीकारता नहीं है। थोड़े बहुत उतार-चढ़ाव तो हर किसी की जिंदगी में आते हैं। उनसे निराश न हों।

कुछ नया करते रहें। हर समय चीजों को और बेहतर ढंग से करने के तरीके ढूंढ़ते रहें। तनाव व उत्तेजना के लिए कोई जगह नहीं है। आपको अपने लक्ष्य पाने हैं। आपको बहुत कुछ करना है। आपको सफलता पानी ही है।

अगर अंदर जीतने की भावना हो, तो कोई कारण नहीं है; जिससे आप परीक्षा में अव्वल न आ सकें। प्रयत्न करते रहें। कड़ी मेहनत करें। सफलता आपका इंतजार कर रही है। हमारी शुभकामनाएं आपके साथ हैं।

बच्चों की प्रतिभा कैसे उभारें

लेखकः चुन्नीलाल सलूजा
टाइपः पेपरबैक
भाषाः हिन्दी
पृष्ठः 191

प्रकाशकः वी एण्ड एस पब्लिशर्स

बैजू बावरा का नाम आज कौन नहीं जानता? वह विधवा माँ के आँचल में ही पलें-बढ़े। दैवयोग से माँ-बेटे को एक महान गुरु के दर्शन हो गये। उनकी दिव्य दृष्टि में बैजू की प्रतिभा समा गयी और उनके विद्यादान से एक दिन वह इतने बड़े गायक बने कि पारखी उन्हे संगीत सम्राट तानसेन का प्रतिद्वन्द्वी मानने लगे।

खुशी के 7 कदम

लेखकः पवित्र कुमार शर्मा
टाइपः पेपरबैक
भाषाः हिन्दी

प्रकाशकः वी एण्ड एस पब्लिशर्स

खुशी प्रेम, दया और मन की शान्ति - ये सभी ईश्वर की ओर से मानव को मिले हुए अनमोल वरदान हैं। सृष्टि का प्रत्येक व्यक्ति अपने जीवन में मन की प्रसन्नता चाहता है। खुशी कोई ऐसी वस्तु नहीं है, जिसे बाजार से खरीदा जा सके। तब यह खुशी मिलेगी कैसी?